水电水利规划设计总院
China Renewable Energy Engineering Institute

中国可再生能源发展报告 2024年度

CHINA RENEWABLE ENERGY
DEVELOPMENT REPORT

水电水利规划设计总院　编著

中国水利水电出版社
www.waterpub.com.cn
·北京·

图书在版编目（CIP）数据

中国可再生能源发展报告. 2024年度 / 水电水利规划设计总院编著. -- 北京 : 中国水利水电出版社, 2025. 5. -- ISBN 978-7-5226-3413-5

Ⅰ. F426.2

中国国家版本馆CIP数据核字第2025NA8075号

书　　名	**中国可再生能源发展报告 2024 年度** ZHONGGUO KEZAISHENG NENGYUAN FAZHAN BAOGAO 2024 NIANDU
作　　者	水电水利规划设计总院　编著
出版发行	中国水利水电出版社 （北京市海淀区玉渊潭南路 1 号 D 座　100038） 网址：www.waterpub.com.cn E-mail：sales@mwr.gov.cn 电话：（010）68545888（营销中心）
经　　售	北京科水图书销售有限公司 电话：（010）68545874、63202643 全国各地新华书店和相关出版物销售网点
排　　版	中国水利水电出版社微机排版中心
印　　刷	北京印匠彩色印刷有限公司
规　　格	210mm×285mm　16 开本　7.75 印张　187 千字
版　　次	2025 年 5 月第 1 版　2025 年 5 月第 1 次印刷
定　　价	**298.00 元**

凡购买我社图书，如有缺页、倒页、脱页的，本社营销中心负责调换

版权所有·侵权必究

编 委 会

主　　任　李　昇　易跃春

副 主 任　王忠耀　赵全胜　余　波　王富强

主　　编　赵增海　张益国　彭才德

副 主 编　谢宏文　彭烁君　姜　昊　辛颂旭　朱方亮　薛建峰
　　　　　　郭雁珩　李修树　郭建欣　喻葭临　黄　谨　何　涛

编写人员　李少彦　徐志成　萧子钧　常昊天　杨静安　曹渝波
　　　　　　弭　辙　马琳琳　周小溪　艾　琳　刘玉颖　李彦洁
　　　　　　王伟营　李　欣　张晨亮　吕　嵩　耿大洲　郭瑾瑜
　　　　　　刘贵军　孙丹一　王昊轶　郝　宇　李　榕　彭　冀
　　　　　　贾浩帅　柯　文　马实一　朱　玲　王伶俐　谢　豪
　　　　　　李晓曦　刘春高　薛美娟　查　浩　赵国斌　熊　力
　　　　　　李宏宇　赵　悦　章国勇　高翼天　郭珍妮　张步恩
　　　　　　程　立　王则凯　王　伟　魏国强　崔正辉　乔　勇
　　　　　　魏　芳　陈旭云　黄洁亭　王　欢　赵多苍　仇雅静
　　　　　　任伟楠　孟　栩　陈国生　刘镇洋　郭　豹　傅兆庆
　　　　　　郭　浩　刘海勃　全　启　龚朝晖　谢泽华

序

2024年，全球能源变革步入深水区。地缘政治博弈加剧与气候行动紧迫性叠加交织，可再生能源作为全球能源转型和中国碳达峰碳中和目标实现的共同选择，其核心地位进一步凸显。这一年，中国以"高质量发展"为主线，贯彻落实党的二十届三中全会"扎实推进绿色低碳发展"会议精神，坚定不移推动可再生能源产业在复杂外部环境下的快速发展，实现了规模增长与结构优化的双重突破，为全球绿色转型贡献了关键力量。

这一年，国际形势加快重塑可再生能源行业发展逻辑。国际能源市场震荡与贸易保护主义叠加，欧洲能源自主战略倒逼本土化制造加速落地，新兴经济体可再生能源需求激增，全球可再生能源产业链格局正在发生改变。欧盟碳关税将光伏产品全生命周期碳排放纳入核算等规则体系升级与技术壁垒促使中国企业在海外市场逐渐从"产品输出"向"技术标准输出"加速突围。可再生能源发展正从资源驱动型产业向技术驱动型生态转型，外部变量的系统性冲击正在重塑行业竞争范式。

这一年，中国转型需求驱动产业纵深发展。2024年，中国通过技术创新和政策完善推动可再生能源产业高质量发展。2024年，全国可再生能源装机主体地位进一步巩固，全年新增可再生能源发电装机容量3.74亿kW，占全国新增电力装机的86%。可再生能源电力保障能力进一步增强，可再生能源发电量达3.47万亿kW·h，占全部发电量的35%，为碳达峰奠定了坚实基础。风电、光伏发电等技术经济性进一步提升，市场竞争力显著增强。可再生能源技术持续迭代升级，在工程勘测、装备大型化、高效化、智能化、低成本等多领域实现关键突破。可再生能源政策体系持续健全，覆盖规划、建设、消纳及管理的全链条系列政策陆续出台，市场化机制在可再生能源发展中的关键作用进一步加强。重大工程建设进展显著，水电、抽水蓄能、风电、光伏发电等一大批重大项目顺利推进，工程质量管理水平持续提升。中国提前6年实现2030年风光装机目标，并通过国际合作不断提升全球影响力，为全球能源转型提供"中国方案"，为全球200多个国家和地区提供清洁能源产品和服务，在投资领域贡献显著，成为全球能源转型的重要驱动力。

这一年，发展与挑战并存。行业发展仍面临诸多挑战。部分区域可再生能源消纳压力依然较大，国际贸易环境变化给产业链供应链带来新考验，技术创新和商业模式创新仍需持续深化。这些挑战提醒我们，推动能源转型需要保持战略定力，久久为功，坚持底线思维和系统思维，在发展中解决问题。

展望未来，全球能源转型已从"选做题"变为"必答题"。中国可再生能源产业需在不确定性中锚定确定性——以技术创新对冲外部风险，以机制改革激活内生动力，更需以开放合作弥合全球绿色发展鸿沟。

《中国可再生能源发展报告 2024 年度》是水电水利规划设计总院编写的第九个年度报告，报告坚持深入贯彻落实"四个革命、一个合作"能源安全新战略，立足于积极稳妥推进碳达峰碳中和的总目标，延续 2023 年的篇章布局架构，从资源、开发、建设、利用、产业技术发展、政策要点、国际合作等维度，系统全面、突出重点地呈现中国可再生能源发展情况，并对 2025 年发展进行了展望。在报告编写过程中，得到能源主管部门、相关企业、有关机构的大力支持和指导，在此谨致衷心感谢！

在推进中国式现代化的新征程上，可再生能源事业肩负着能源革命与产业发展的双重使命。面对新形势新要求，水电水利规划设计总院将继续与行业同仁携手并进，以创新驱动为引领，以高质量发展为目标，共同破解行业发展难题，加快构建新型能源体系，为保障国家能源安全、实现碳达峰碳中和目标贡献行业智慧和力量。

水电水利规划设计总院院长

二〇二五年·四月　北京

目 录

序

1 综述 1
  1.1 国际发展综述 2
  1.2 国内发展形势 4

2 资源 9
  2.1 水力资源 10
  2.2 抽水蓄能站点资源 13
  2.3 风能 13
  2.4 太阳能 16
  2.5 生物质能 18
  2.6 地热能 19

3 开发 20
  3.1 常规水电 21
  3.2 抽水蓄能 22
  3.3 风电 25
  3.4 太阳能发电 28
  3.5 生物质能 31
  3.6 地热能 32
  3.7 海洋能 33
  3.8 新型储能 33
  3.9 氢能 34

4 建设 36
  4.1 常规水电 37
  4.2 抽水蓄能 39
  4.3 风电 43
  4.4 太阳能发电 46

  4.5 生物质能 50
  4.6 新型储能 52

5 利用 57
  5.1 可再生能源利用总体情况 58
  5.2 常规水电和抽水蓄能 58
  5.3 风电 61
  5.4 太阳能发电 64
  5.5 生物质能 67

6 产业技术发展 68
  6.1 常规水电和抽水蓄能 69
  6.2 风电 73
  6.3 太阳能发电 75
  6.4 生物质能 78
  6.5 地热能 79
  6.6 海洋能 80
  6.7 新型储能 81
  6.8 氢能 82

7 政策要点 84
  7.1 综合类 85
  7.2 水电类 91
  7.3 新能源类 91
  7.4 其他类 93

8 国际合作 96
  8.1 国际能源治理 97
  8.2 国际能源产业合作 101

8.3　可再生能源国际合作展望 ………… 105
9　发展展望 ……………………………… 107
9.1　整体发展形势 ………………………… 108
9.2　常规水电 ……………………………… 109
9.3　抽水蓄能 ……………………………… 110
9.4　风电 …………………………………… 110
9.5　太阳能 ………………………………… 111

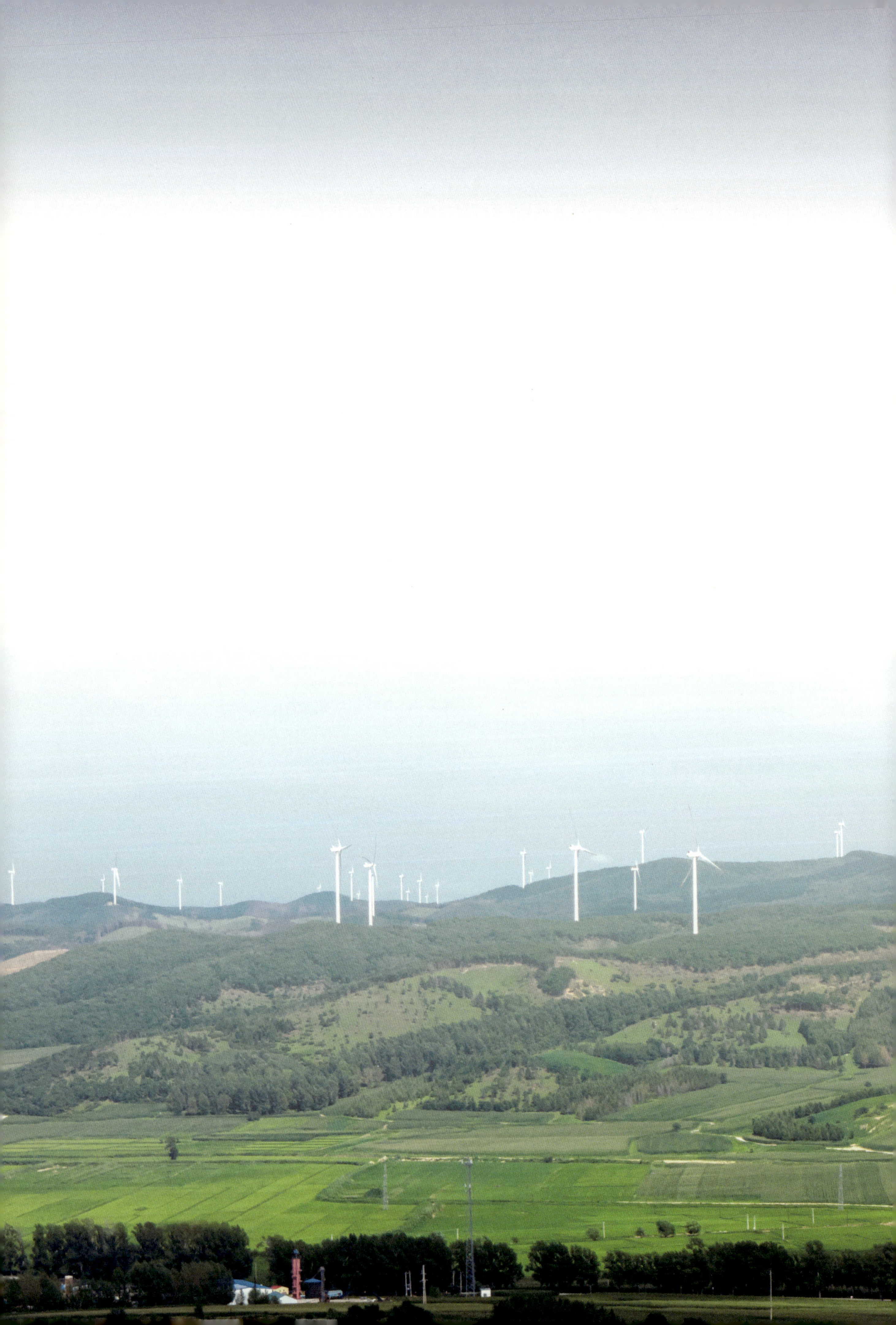

1 综述

1.1 国际发展综述

可再生能源引领全球能源绿色转型

当前，世界百年未有之大变局加速演进，地缘政治、科技竞争、气候变化、经济下行等多种因素共同作用，加剧着国际环境的不稳定性和不确定性。与此同时，以可再生能源为代表的绿色经济、能源转型行业发展迅速，为全球经济复苏注入强劲动力，成为缓解气候变化的有效途径，发展可再生能源的重要性日益凸显。

为应对气候挑战，实现可持续发展，更多国家积极开展可再生能源领域合作。《联合国气候变化框架公约》第二十九次缔约方大会（COP29）达成"巴库气候团结契约"一揽子成果，各缔约方在制定气候融资集体量化目标、提供资金支持增强发展中国家抵御气候变化的能力，以及建设国际碳市场机制、降低减排成本、推动全球各国开展碳交易等方面取得积极进展。政策支持、资金保障和技术进步为各国加速推进能源绿色低碳转型提供助力，可再生能源发展前景广阔。

全球可再生能源装机规模超44亿kW

截至2024年年底，全球可再生能源发电装机容量约为44.5亿kW，同比增长15.0%。2024年，全球新增可再生能源装机容量约5.9亿kW，占全球电力行业新增装机容量的94%。2020—2024年全球可再生能源发电累计装机容量和增长率如图1.1所示。

> 2024年，全球新增可再生能源装机容量约
>
> **5.9亿kW**
>
> 占全球电力行业新增装机容量的
>
> **94%**

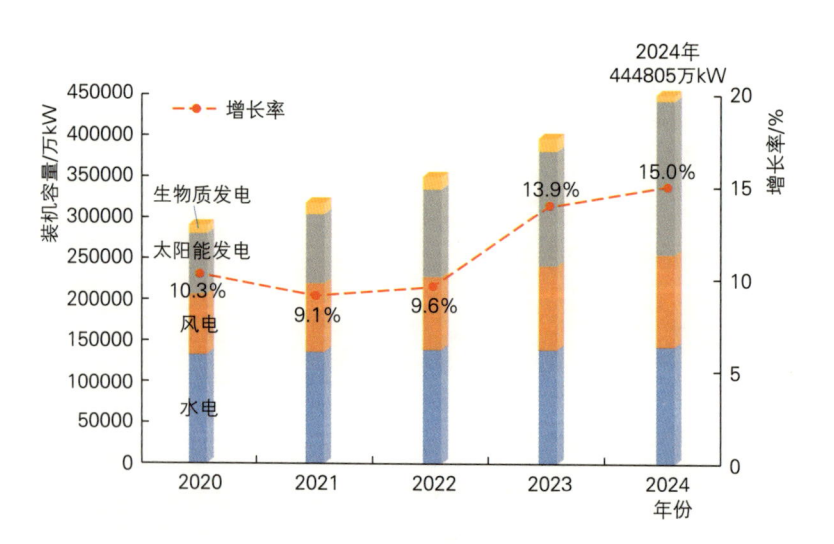

图1.1 2020—2024年全球可再生能源发电累计装机容量和增长率

从装机总量上看，截至2024年年底，全球水电（含抽水蓄能）装机容量约14.3亿kW；全球太阳能发电装机容量约18.7亿kW；全球风电

装机容量约 11.3 亿 kW，其中陆上风电装机容量约 10.5 亿 kW，海上风电装机容量约 7943 万 kW。可再生能源发电装机规模排名前 5 位的国家分别为中国（约 18.9 亿 kW）、美国（约 4.3 亿 kW）、巴西（约 2.1 亿 kW）、印度（约 2.0 亿 kW）和德国（约 1.8 亿 kW），上述国家可再生能源发电装机容量约占全球可再生能源发电装机容量的 66%。2024 年全球各类可再生能源发电装机容量及占比如图 1.2 所示。2024 年全球可再生能源发电装机容量排名前 5 位的国家如图 1.3 所示。

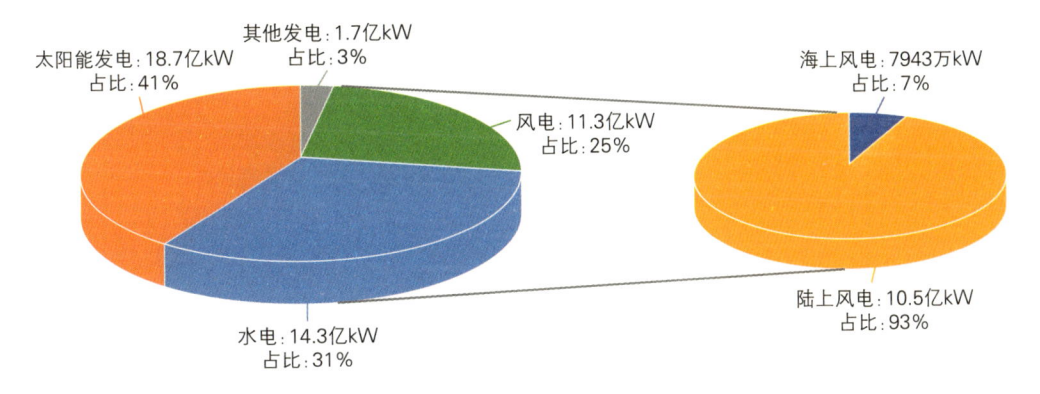

图 1.2 2024 年全球各类可再生能源发电装机容量及占比

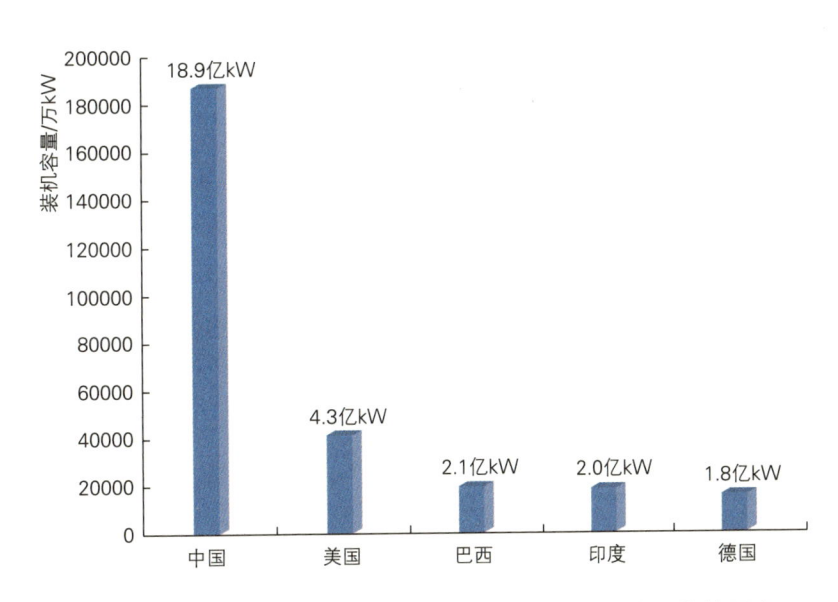

图 1.3 2024 年全球可再生能源发电装机容量排名前 5 位的国家

从增量上看，全球水电（含抽水蓄能）新增装机容量约 1550 万 kW，主要集中在亚洲地区；全球太阳能发电新增装机约 4.5 亿 kW，占全球可再生能源发电新增装机总量的 77%，主要集中在亚洲、欧洲和北美洲地区；全球风电新增装机容量约 1.2 亿 kW，主要集中在亚洲和欧洲地区，其中陆上风电新增装机容量约 1.1 亿 kW，海上风电新增装机容量约 518 万 kW。2024 年全球各类可再生能源发电新增装机容量及占

太阳能发电新增装机约占全球可再生能源发电新增装机总量的

77%

比如图 1.4 所示。

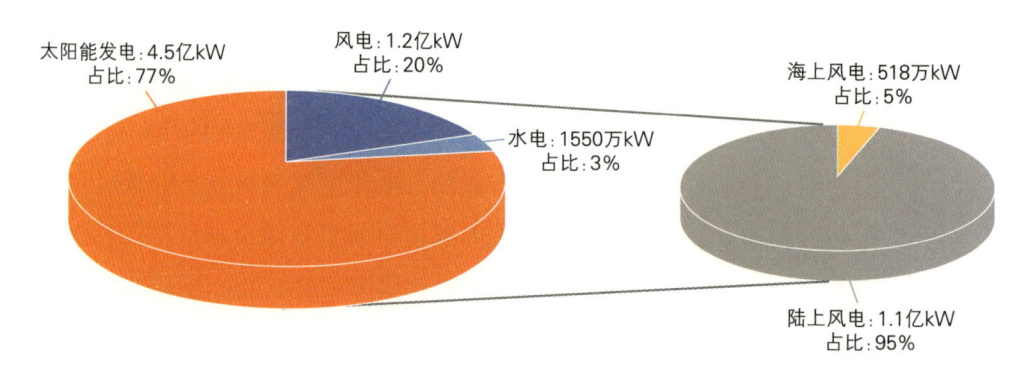

太阳能发电：4.5亿kW 占比：77%
风电：1.2亿kW 占比：20%
水电：1550万kW 占比：3%
海上风电：518万kW 占比：5%
陆上风电：1.1亿kW 占比：95%

图 1.4 2024 年全球各类可再生能源发电新增装机容量及占比

可再生能源投资规模持续扩大

2024 年，全球清洁能源转型领域（包括电气化交通、可再生能源、电网建设等）投资规模首次突破 2 万亿美元，达 2.1 万亿美元，较 2023 年增加 2020 亿美元。其中，可再生能源领域投资约 7280 亿美元，同比增长 8%，占全球清洁能源转型领域投资的 1/3，是推动全球清洁能源转型的主要驱动力。中国在全球清洁能源转型领域投资额达 8180 亿美元，同比增长 21%，是在该领域投资最多的国家，占全球增量的 2/3。

> 2024 年，全球清洁能源转型领域投资规模首次突破
> **2** 万亿美元
> 可再生能源领域投资约
> **7280** 亿美元

1.2 国内发展形势

2024 年，中国可再生能源发展继续保持强劲势头，规模、质量、效益同步提升，可再生能源正成为能源转型的核心力量，为碳达峰碳中和目标的实现提供有力支撑。

可再生能源发电新增装机规模达 3.74 亿 kW 新高

截至 2024 年年底，中国全口径发电装机容量达到 33.5 亿 kW，同比增长 14.6%。其中，煤电装机容量为 11.95 亿 kW，占全部发电装机容量的 35.7%；气电装机容量为 1.44 亿 kW，占全部发电装机容量的 4.3%；核电装机容量为 6083 万 kW，占全部发电装机容量的 1.8%；可再生能源装机容量为 18.89 亿 kW，占全部发电装机容量的 56.4%，较 2023 年提高 4.5 个百分点，进一步巩固了在电力装机中的主体地位。分电源类型看，太阳能发电装机容量达 8.87 亿 kW，位居首位，同比增长 45.5%；风电装机容量为 5.21 亿 kW，同比增长 18.0%；水电（含抽水蓄能）和生物质能装机容量分别为 4.36 亿 kW 和 0.46 亿 kW，同比增长 3.2% 和 4.1%。

2024 年，中国新增可再生能源发电装机容量 3.74 亿 kW，同比增长

> 中国可再生能源发电累计装机容量
> **18.89** 亿 kW
> 占全部发电总装机容量的
> **56.4%**

2024年，中国新增可再生能源发电装机容量 **3.74亿kW** 占全国新增电力装机容量的 **86.3%**

22.0%，占全国新增电力装机容量的86.3%。其中，风电新增装机容量7982万kW，占新增可再生能源发电装机容量的21.4%；光伏发电新增装机容量2.78亿kW，占新增可再生能源发电装机容量的74.4%，其中分布式光伏发电年度新增装机容量首次突破1亿kW，达1.18亿kW，占新增光伏发电装机容量的42.5%。2012—2024年中国各类可再生能源发电装机容量及占比变化趋势如图1.5所示。2024年中国各类电源装机容量及占比如图1.6所示。

图1.5　2012—2024年中国各类可再生能源发电装机容量及占比变化趋势

图1.6　2024年中国各类电源装机容量及占比

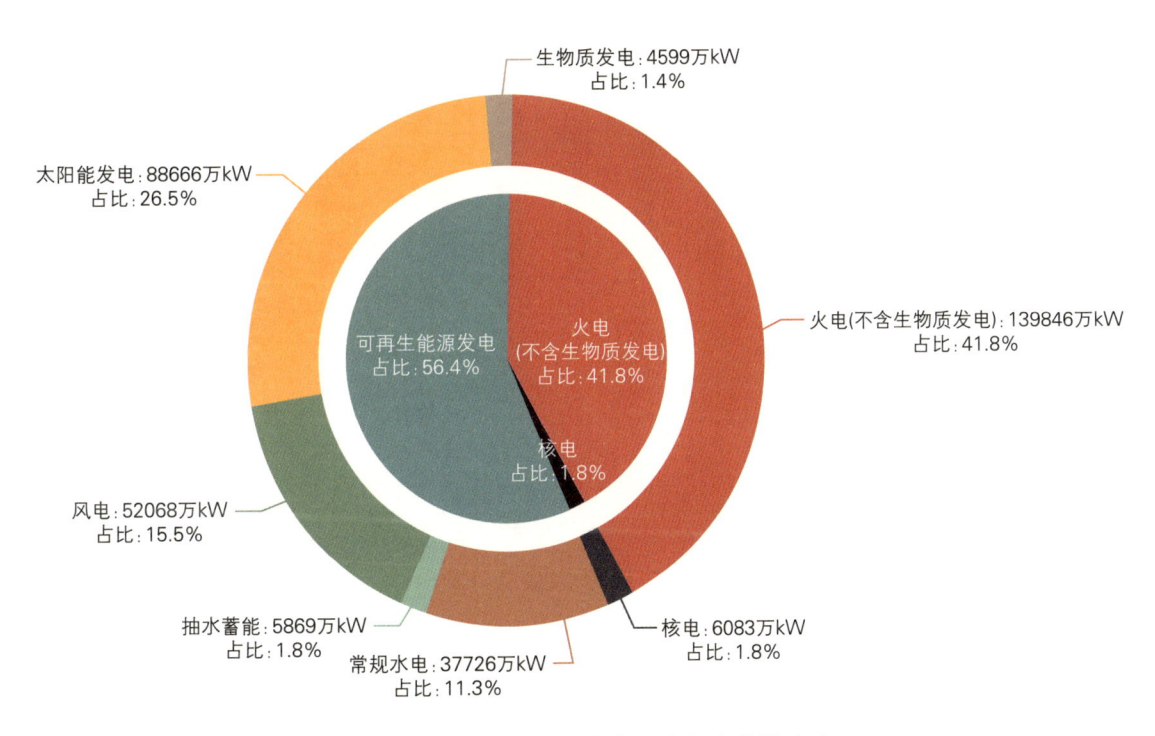

可再生能源发电量同比增长 17.3%

2024 年中国可再生能源发电量

3.47 万亿 kW·h

2024 年，中国可再生能源发电量持续增长，在保障电力供应中发挥了越来越重要的作用。全国全口径发电量达 9.91 万亿 kW·h，同比增长 6.7%。其中，煤电发电量为 5.43 万亿 kW·h，占各类电源总发电量的 54.8%；气电发电量为 3187 亿 kW·h，占各类电源总发电量的 3.2%；核电发电量为 4469 亿 kW·h，占各类电源总发电量的 4.5%；可再生能源发电量达 3.47 万亿 kW·h，同比增长 17.3%，约占各类电源总发电量的 35.0%。在可再生能源发电量中，风电发电量 9968 亿 kW·h，同比增长 12.5%；太阳能发电量 8383 亿 kW·h，同比增长 43.7%，风电、太阳能发电量合计约占各类电源总发电量的 18.5%，与同期第三产业用电量（1.83 万亿 kW·h）基本持平，远超城乡居民生活用电量（1.49 万亿 kW·h）。2012—2024 年中国各类可再生能源发电量及占比变化趋势如图 1.7 所示。2024 年中国各类电源发电量及占比如图 1.8 所示。

图 1.7 2012—2024 年中国各类可再生能源发电量及占比变化趋势

2024 年中国风电、太阳能新增发电量占全社会新增发电量的

58.7%

2024 年，全国可再生能源发电量较 2023 年增加 5166 亿 kW·h，约占全社会新增发电量的 82.8%。其中，风电、太阳能发电量共新增 3660 亿 kW·h，约占全社会新增发电量的 58.7%，包括风电新增发电量 1110 亿 kW·h、占全国新增发电量的 17.8%，太阳能发电新增 2550 亿 kW·h、占全国新增发电量的 40.9%。

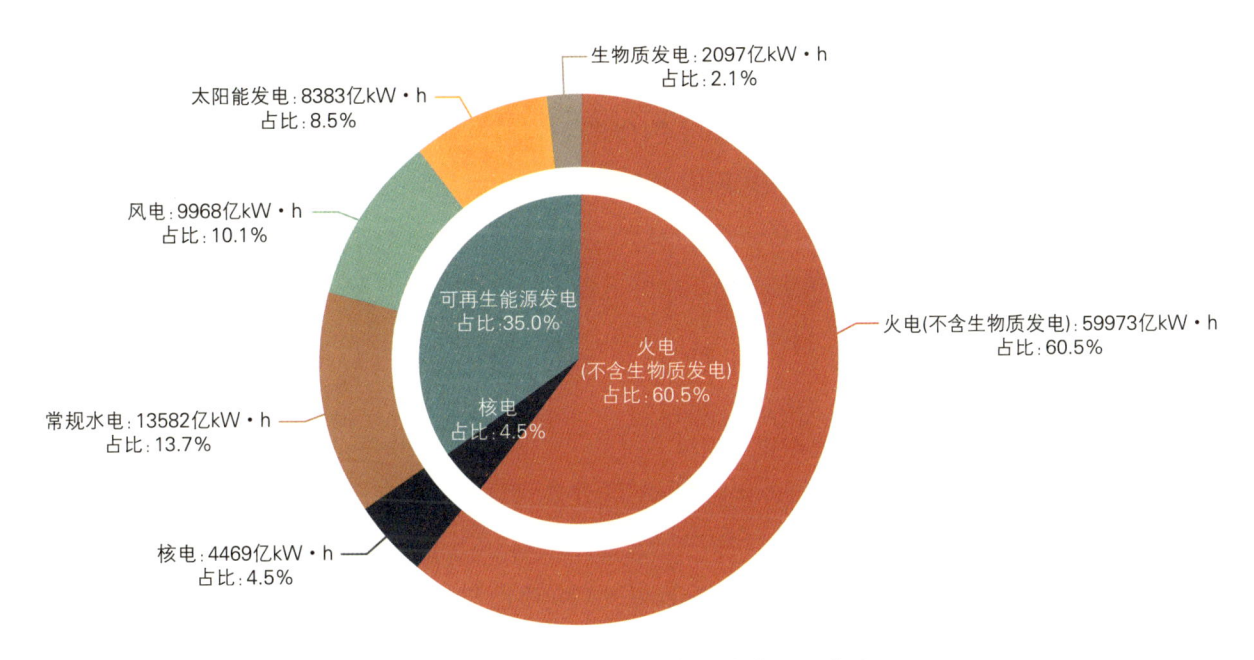

图 1.8　2024 年中国各类电源发电量及占比

可再生能源技术持续迭代升级

2024 年，中国以技术创新为驱动，在可再生能源领域实现多项关键突破，显著提升了发电效率与市场竞争力，为产业的可持续发展奠定了坚实基础。水电领域在工程勘测、施工技术革新、装备制造及智能化应用方面取得显著进展；风电产业向大型化、智能化、多元化方向迈进；光伏产业规模持续扩大，晶硅电池转化效率显著提升，光热低成本技术实现突破；生物质发电与供热技术不断优化，生物天然气工程向大型化方向发展；新型储能技术加速推广应用，压缩空气储能核心装备实现突破；深部地热资源勘探与干热岩开发技术取得进展，地热能发电技术及试验示范项目实现突破；电解设备大型化与制氢技术进步显著，产业平台进一步完善；潮流能、波浪能等海洋能发电技术迭代升级，公共服务能力实现跨越式提升。

可再生能源政策体系进一步完善

2024 年，中国持续优化贯穿可再生能源规划、建设、利用及管理等全链条各环节的多层次、多维度政策体系。在综合政策方面，国家通过深化能源绿色转型、构建碳排放双控体系、增强电力系统调节能力建设等举措，推动非化石能源消费比重稳步提升，并健全市场化机制，协同绿色电力、绿色证书与碳交易政策，确保可再生能源高效利用。在水电政策方面，国家统筹水电开发和生态保护，合理布局、积极有序开发建设抽水蓄能电站，水电高质量发展底色更加鲜明。在新能源政策方面，国家通过资源普查、规范光伏管理、实施"千乡万村驭风行动"等，加快风能和太阳能资源开发利用，同时加强光伏产业标准体系建设，推动装备升级改造。此外，国家政策还注重优化用地管理、强化水土保持监管、实施生态环境分区管控及推进环评改革，为可再生能源发展提供全方位保障。

重大工程建设进展显著

2024年，中国可再生能源重大工程在技术创新、质量提升与规模化应用等方面取得显著成效。在水电工程领域，四川大渡河双江口水电站等重大项目顺利推进，高坝建设与大容量机组技术实现突破，智能建造技术的应用显著提升了工程质量管理水平。在抽水蓄能电站工程中，四川道孚抽水蓄能电站等高海拔、超大容量项目进展顺利，国产化技术应用取得重要突破，工程质量稳步提升。在风电工程领域，陆上风电机组单机容量创历史新高，海南首批海上风电项目正式开工，技术创新推动了质量管控水平的提升。在太阳能发电工程中，全球最高海拔光伏项目、全国最大"渔光互补"项目等多样化工程取得重要进展，海上光伏和漂浮式光伏工程的质量管控体系逐步完善。此外，生物质能工程和新型储能工程在技术体系完善与规模化应用方面也取得突破，如电化学储能技术呈现多元化发展趋势，压缩空气储能项目的质量管控逐步规范化。

国际合作与全球影响力不断提升

中国在全球经济不确定性的背景下，坚定推动全球能源转型，深化绿色能源国际合作。在产业贡献方面，中国提前6年实现2030年风光装机12亿kW目标，可再生能源产业规模化发展，为全球200余个国家和地区提供清洁能源产品和服务，推动全球清洁能源成本下降。2024年，中国光伏产品全球市场份额超85%，各环节产能居世界前列，光伏组件出口约235.93GW，同比增长13%。在风电领域，中国企业占据全球新增装机容量排名前10位中的6席，前4位均为中国企业；风电机组出口5193.7MW，同比增长41.7%。在投资方面，2024年全球能源转型投资达2.08万亿美元，同比增长11%，中国贡献全球增长的2/3，投资额8180亿美元，同比增长21%，是其他经济体的2倍多。

2 资源

2.1 水力资源

西南地区水力资源富集，占中国技术可开发量的

69.3%

水力资源技术可开发量约 6.87 亿 kW，位居全球首位

根据水力资源复查成果，中国水力资源技术可开发量约 6.87 亿 kW，年发电量约 3 万亿 kW·h，位居全球首位，与 2023 年相比无变化。其中，西南地区水力资源富集，技术可开发量 4.76 亿 kW，占中国技术可开发量的 69.3%。中国水力资源技术可开发量及分布情况如图 2.1 所示。

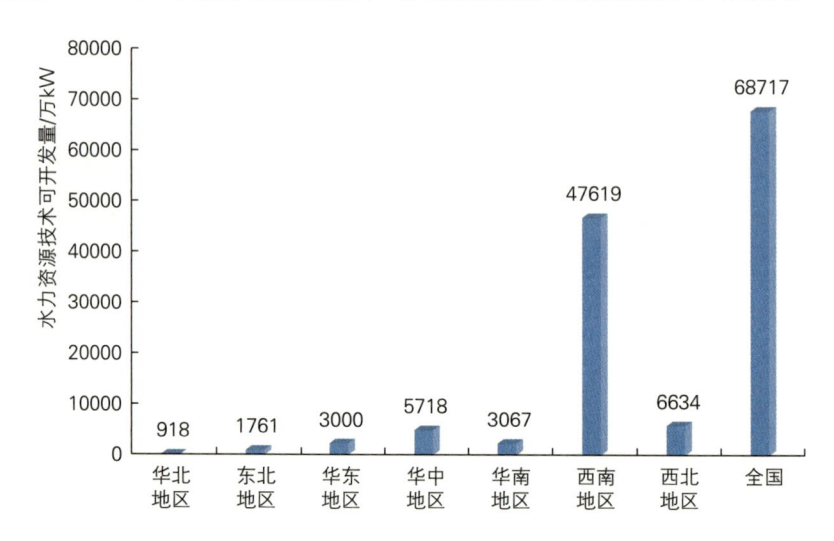

图 2.1 中国水力资源技术可开发量及分布情况

地区	水力资源技术可开发量/万kW
华北地区	918
东北地区	1761
华东地区	3000
华中地区	5718
华南地区	3067
西南地区	47619
西北地区	6634
全国	68717

待开发水力资源约 2.2 亿 kW，主要分布在西南地区

剩余待开发水力资源约

2.2 亿 kW

占技术可开发量的

32.0%

截至 2024 年年底，中国常规水电已建装机容量 3.77 亿 kW，核准在建装机容量 0.9 亿 kW，剩余待开发水力资源约 2.2 亿 kW，占技术可开发量的 32.0%。

从区域分布来看，截至 2024 年年底，西南五省（自治区、直辖市）常规水电已建、核准在建总装机容量 3.01 亿 kW，待开发水力资源约 1.75 亿 kW，占全国待开发水力资源约 79.5%，是未来水电开发的重点地区。其中，西藏待开发水力资源约 1.05 亿 kW，约占技术可开发量的 59.5%，未来水电发展潜力巨大；四川、云南待开发水力资源分别约为 3500 万 kW、3251 万 kW，具有一定的开发潜力。2024 年西南五省（自治区、直辖市）水电开发情况见表 2.1。

从流域分布来看，截至 2024 年年底，金沙江、长江上游、雅砻江、黄河上游、大渡河、红水河、乌江和西南诸河等主要流域已建、核准在建水电总装机容量 2.74 亿 kW，剩余待开发水力资源约 1.11 亿 kW，主要集中在西南诸河，金沙江流域也有部分大型待开发水电项目。2024 年中国主要流域水电开发基本情况见表 2.2。

表 2.1　2024 年西南五省（自治区、直辖市）水电开发情况表

序号	省（自治区、直辖市）	技术可开发量/万 kW	已建规模/万 kW	核准在建规模/万 kW	待开发规模/万 kW	待开发比例/%
1	西藏	17651	304	6850	10496	59.5
2	四川	14823	9770	1553	3500	23.6
3	云南	11732	8360	120	3251	27.7
4	贵州	2347	2298	0	48	2.1
5	重庆	1066	798	48	221	20.7
	合计	47619	21531	8571	17517	36.8

注　核准在建规模仅包括大型常规水电规模，省间界河水电站装机规模平均分配。

表 2.2　2024 年中国主要流域水电开发基本情况表

序号	河流名称	技术可开发量/万 kW	已建规模/万 kW	核准在建规模/万 kW	待开发规模/万 kW	待开发比例/%
1	金沙江	8203	6032	861	1310	16.0
2	长江上游	3128	2522	0	606	19.4
3	雅砻江	2923	1920	372	631	21.6
4	黄河上游	2664	1888	0	777	29.2
5	大渡河	2696	1737	610	349	12.9
6	红水河	1508	1368	0	140	9.3
7	乌江	1158	1110	48	0	—
8	西南诸河	16162	2428	6458	7276	45.0
	合计	38442	19004	8349	11089	28.8

注　核准在建规模仅包括大型常规水电规模。

主要流域全年来水较去年偏丰，汛末来水较常年偏枯

与 2023 年相比，2024 年中国主要流域来水整体偏丰 2 成左右。 与

常年相比，主要流域来水呈现明显丰枯转变：1—7月，除乌江、南盘江-红水河偏枯1~2成外，其他主要流域均偏丰，其中金沙江中游、雅砻江、大渡河、黄河上游干流偏丰3成，金沙江下游、长江上游干流、澜沧江偏丰1~2成；8—11月，主要流域来水较常年同期整体偏枯3成，其中乌江、长江上游干流和南盘江-红水河偏枯4~5成，金沙江下游、雅砻江、大渡河和澜沧江偏枯2~3成；12月开始，主要流域来水整体转好，除澜沧江偏枯1成外，其他主要流域来水均偏丰。2024年中国主要流域来水情况如图2.2所示。

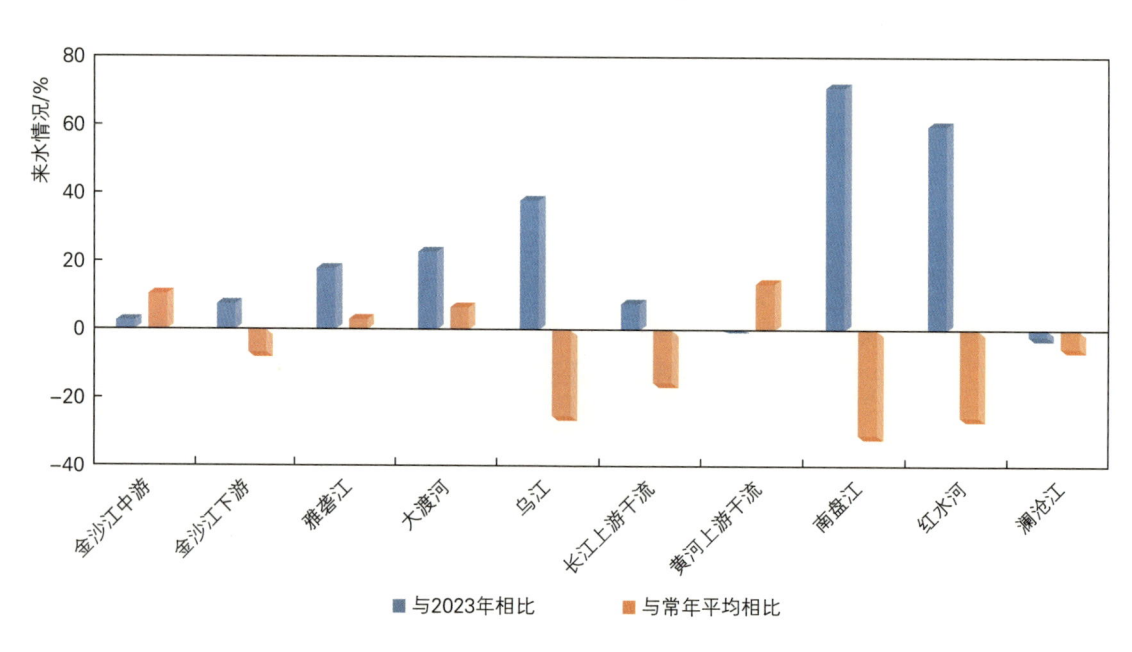

图2.2　2024年中国主要流域来水情况

主要流域汛末蓄水形势整体较好

2024年汛期6—7月，中国主要流域来水较2023年整体偏丰0.5~1倍，水电站在拦蓄洪水过程中蓄水量明显增加；8—9月，除南盘江-红水河外，主要流域来水偏枯2~3成，水电站蓄水速度放缓。至10月底，纳入监测的470座水电站可调节水量约1910亿 m^3，同比增加0.8%，总体蓄水率79%，较2023年增加1个百分点。除三峡（蓄水率67%）、乌江（蓄水率65%）和南盘江-红水河（蓄水率80%）外，其他主要流域在汛末来水偏少的情况下均实现蓄满目标；雅砻江两河口水电站投运之后首次蓄至正常蓄水位，为保障雅砻江流域枯水期电力、水资源供应需求奠定了基础。

2.2 抽水蓄能站点资源

全国普查筛选出资源站点 **1500余个**
总装机容量约 **16亿kW**

抽水蓄能普查站点资源量约 16 亿 kW

中国抽水蓄能站点资源禀赋得天独厚。综合考虑地理位置、地形地质、水源条件、水库淹没、环境影响、工程技术及初步经济性等因素，全国共普查筛选出资源站点 1500 余个、总装机容量约 16 亿 kW（含已建、在建及规划选点），在全国绝大部分省（自治区、直辖市）均有分布。

分区域看，华北、东北、华东、华中、南方、西南、西北区域站点资源量分别约为 2.0 亿 kW、1.9 亿 kW、1.7 亿 kW、2.0 亿 kW、4.5 亿 kW、1.3 亿 kW、2.7 亿 kW。2024 年中国抽水蓄能站点资源分布统计如图 2.3 所示。

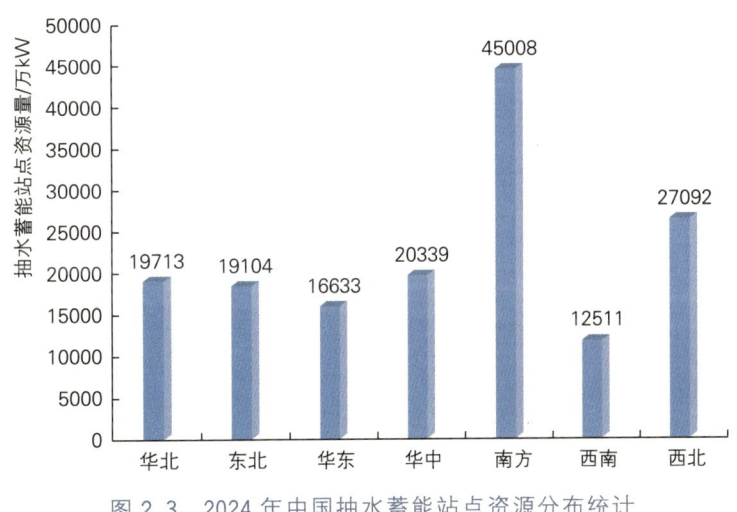

区域	抽水蓄能站点资源量/万kW
华北	19713
东北	19104
华东	16633
华中	20339
南方	45008
西南	12511
西北	27092

图 2.3 2024 年中国抽水蓄能站点资源分布统计

2.3 风能

2024 年全国陆上 100m 高度年平均风速约 **4.1 m/s**
与 2023 年风速持平

根据第四次全国风能资源详查和评价成果，中国陆上 50m、70m 和 100m 高度层风能资源技术可开发量分别为 20 亿 kW、26 亿 kW 和 34 亿 kW，分布总体呈现为"三北"（东北、西北、华北）地区和青藏高原风资源优于中东南部地区的特点。从 70m 高度风能资源技术可开发量来看，内蒙古风能资源技术可开发量值最大，约为 15 亿 kW，占全国技术可开发量的 58%；其次是新疆、甘肃，分别为 4 亿 kW 和 2.4 亿 kW。

全国风能资源年景较常年基本持平

从年平均风功率密度来看，2024 年全国范围内 100m 高度年平均风功率密度在 100~400W/m² 之间，全国平均值为 229.4W/m²。全国 100m 高度年平均风速约为 5.8m/s，与近 10 年平均值接近，属正常年景，其中陆上 100m 高度年平均风速约 4.1m/s，较近 10 年平均风速 4.06m/s 偏高 0.04m/s，与 2023 年风速持平。从空间分布来看，风能资源丰富地区主要为内蒙古中东部、东北大部、华北北部、新疆东部和北部、青藏高原大部、云贵高原的山脊地区、广西中南部和东南部沿海等，年平均风功率密度超过 300W/m²。2024 年中国主要省份陆上 100m 高度年平均风功率密度统计如图 2.4 所示。2014—2024 年中国陆上 100m 高度年平均风速及距平百分率统计如图 2.5 所示。

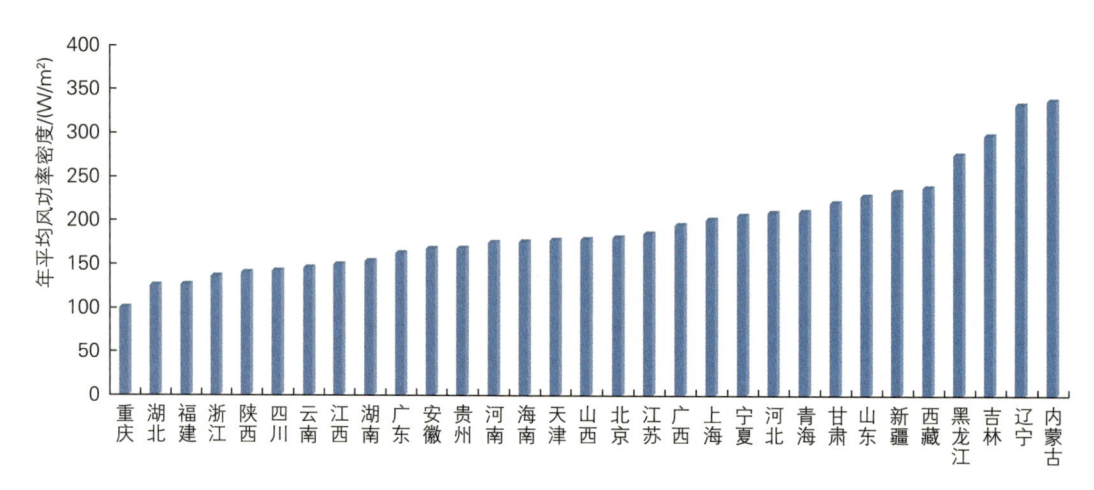

图 2.4　2024 年中国主要省份陆上 100m 高度年平均风功率密度统计

图 2.5　2013—2024 年中国陆上 100m 高度年平均风速及距平百分率统计

华中、华南和华东地区较常年偏大，华北和西北地区偏小，东北基本持平

从各省（自治区、直辖市）陆上 100m 高度年平均风速距平变化来看，华中、华南、华东地区 100m 高度处平均风速与近 10 年平均值相比有所增加，其中湖南增幅明显；华北、西北部分省份100m高度处平均风速有所下降，其中北京、青海等省份降幅明显；东北地区100m高度处平均风速与近10年平均值基本持平。2024年中国主要省份陆上100m高度年平均风速距平百分率统计如图2.6所示。

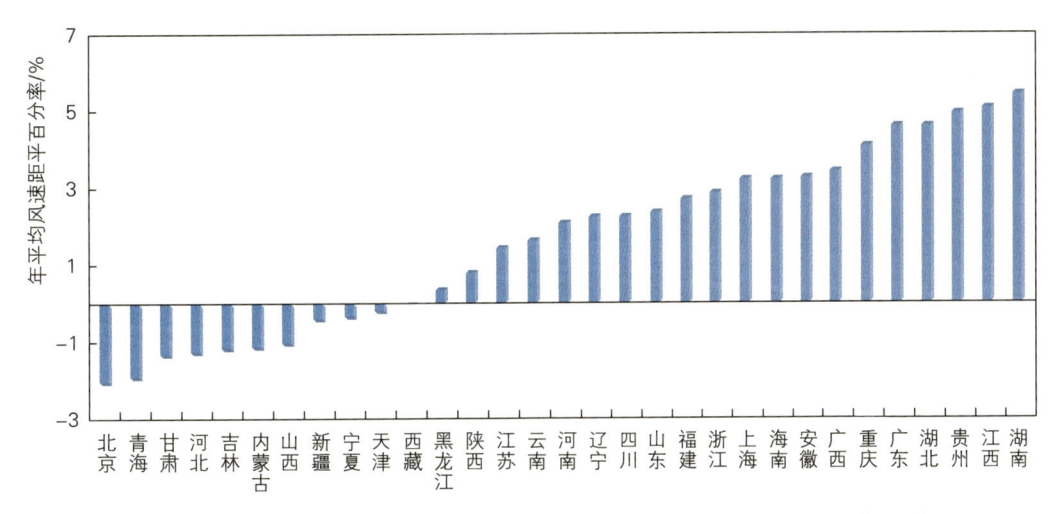

图2.6 2024年中国主要省份陆上100m高度年平均风速距平百分率统计

冬春季增幅明显、夏秋季有所下降

分月来看，2024年春季和冬季风速较大，夏季和秋季风速较小，年内风速分布的季节间不均衡程度增大。中国陆上100m高度月平均风速在3月达到最大，为4.6m/s。2月、4月、5月和11月的月平均风速较大，1月、6月和8月的月平均风速较小。与各月多年平均风速对比可知，2月、7月和9月较多年月平均风速偏高6%～10%，4月、5月、8月较多年月平均风速偏低4%～9%。2024年中国陆上100m高度月平均风速及距平百分率统计如图2.7所示。

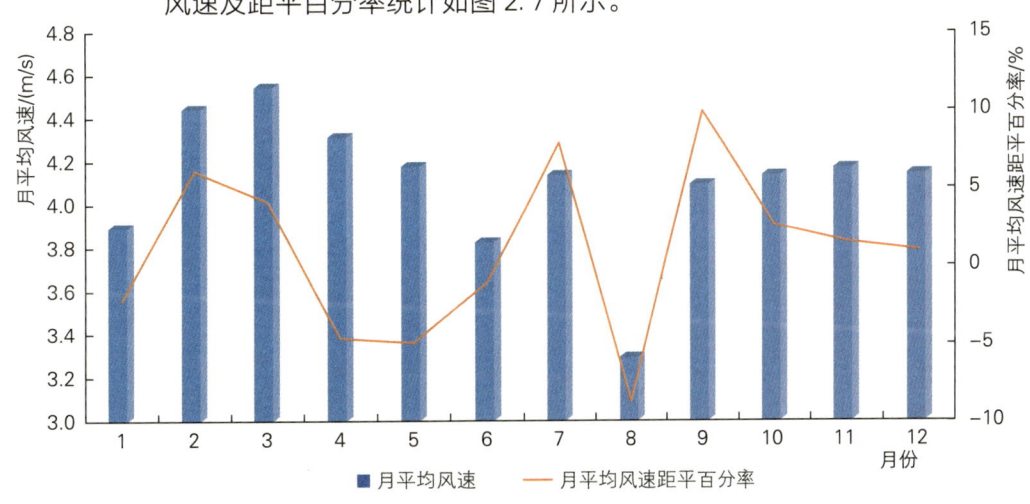

图2.7 2024年中国陆上100m高度月平均风速及距平百分率统计

2.4 太阳能

2024年全国范围内年水平面总辐照量平均值为

1511.8 kW·h/m²

较常年基本持平

全国太阳能资源年景较常年基本持平

从年水平面总辐照量来看，2024年全国范围内年水平面总辐照量在1200～2000kW·h/m²之间，全国平均值为1511.8kW·h/m²。全国水平面总辐照量较近10年（2014—2023年）平均值偏小4.9kW·h/m²，减少幅度为0.3%，较常年基本持平；较2023年略偏大15.7kW·h/m²，同比增长1.04%。从空间分布来看，西藏大部、青海中北部、四川西部等地区太阳能资源最丰富，年水平面总辐照量超过1750kW·h/m²；新疆、西藏东部、内蒙古大部、西北中西部、华北大部、西南西部、华东北部等地区太阳能资源很丰富，年水平面总辐照量在1400～1750kW·h/m²之间。2024年中国主要省份陆地年平均水平面总辐照量统计如图2.8所示。2014—2024年中国陆地年平均水平面总辐照量及距平百分率统计如图2.9所示。

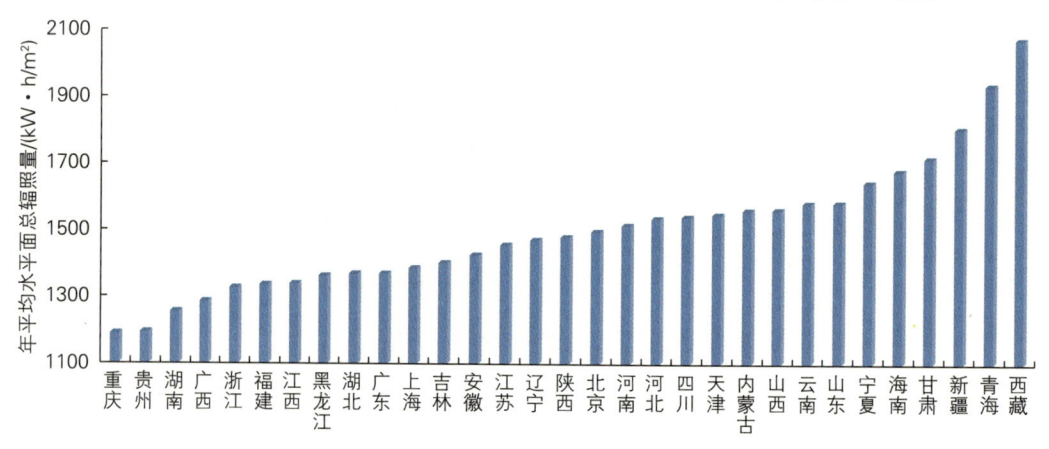

图2.8 2024年中国主要省份陆地年平均水平面总辐照量统计

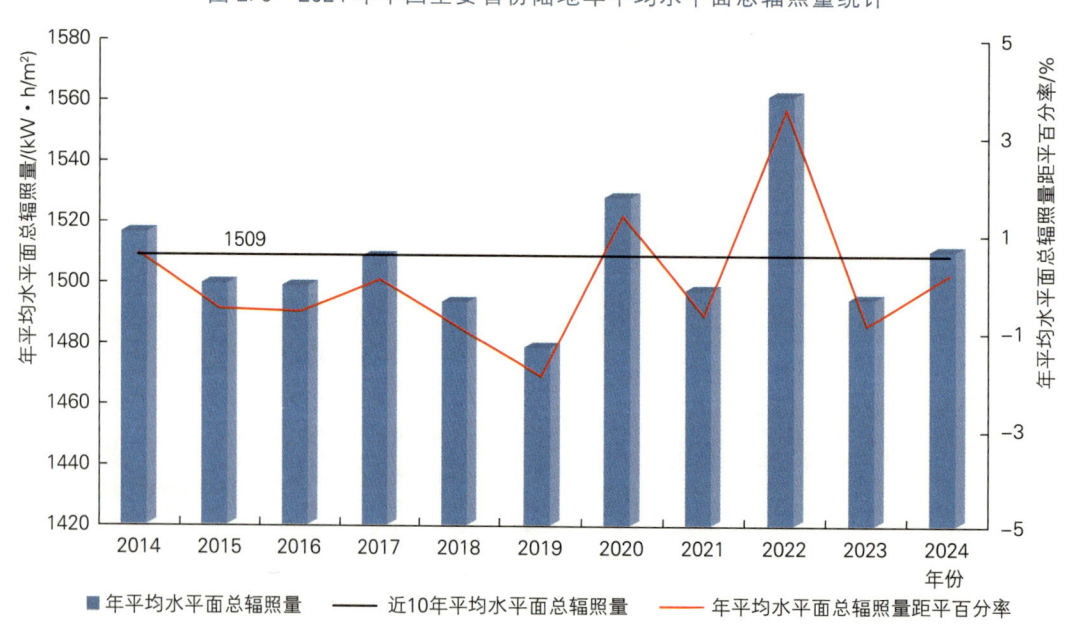

图2.9 2014—2024年中国陆地年平均水平面总辐照量及距平百分率统计

中东部大部较常年偏大、西部和华南地区偏小

从各省（自治区、直辖市）年平均水平面总辐照量距平变化来看，中东部地区年平均水平面总辐照量与近10年平均值相比有所增加，其中重庆、湖北增幅明显；西部和华南地区年平均水平面总辐照量有所下降，其中宁夏、广东降幅明显。2024年中国主要省份陆地年平均水平面总辐照量距平值统计如图2.10所示。

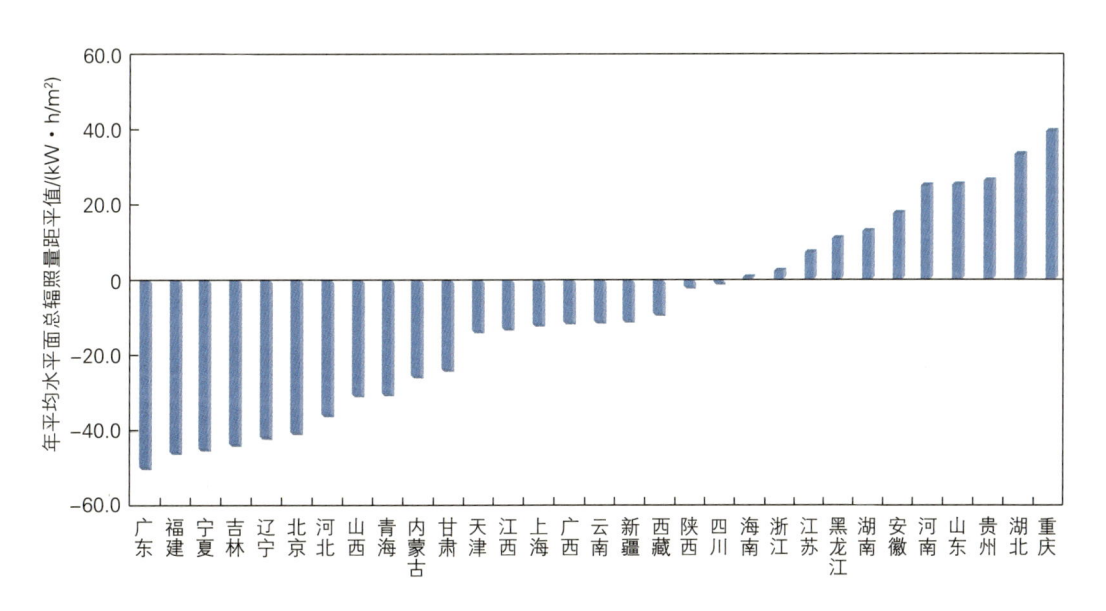

图 2.10　2024 年中国主要省份陆地年平均水平面总辐照量距平值统计

季节性资源量较多年月平均变化较明显

中国陆地水平面辐照量夏季大、冬季小。2024年陆地月平均水平面辐照量于5月达到最大值（166.8kW·h/m²），12月为最小值（76.5kW·h/m²），5—8月水平面辐照量占全年的42.7%。与各月多年平均辐照量对比可知，8月、12月较多年月平均辐照量偏高约4%~5%，2月和4月较多年月平均辐照量偏低5%~6%，其余月份与多年平均值基本持平。2024年中国陆地月平均水平面总辐照量及距平百分率统计如图2.11所示。

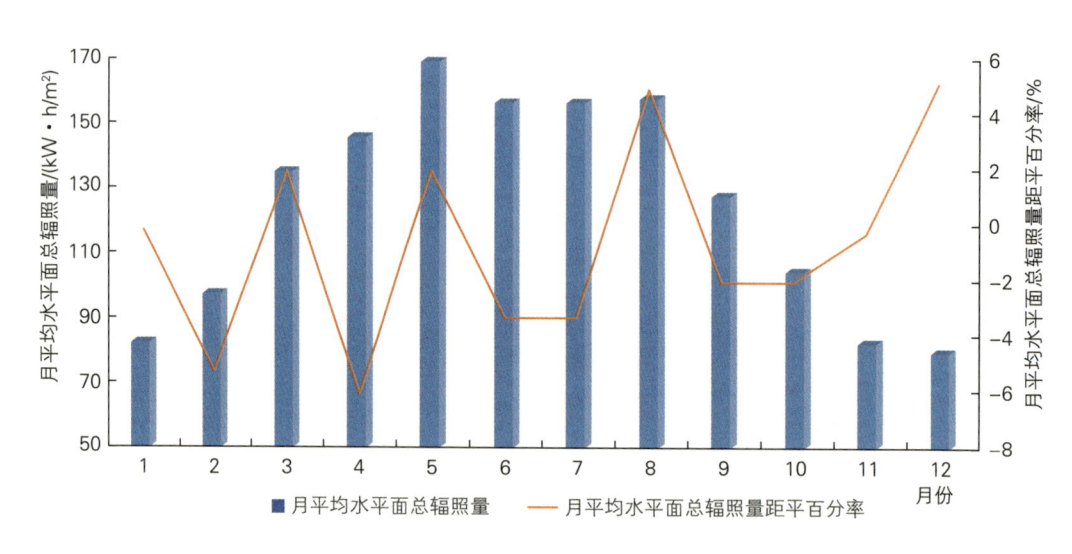

图 2.11 2024 年中国陆地月平均水平面总辐照量及距平百分率统计

2.5 生物质能

中国生物质理论资源总量约 **44.4 亿 t**

中国生物质资源总量丰富

中国生物质资源主要包括农林剩余物、畜禽粪污、生活垃圾等各类城乡有机废物。中国生物质资源总量丰富，理论资源总量约 44.4 亿 t，其中农业剩余物 8.6 亿 t，林业剩余物 14.8 亿 t、畜禽粪污 16.9 亿 t、生活垃圾 4.1 亿 t。中国生物质资源占比估算如图 2.12 所示。

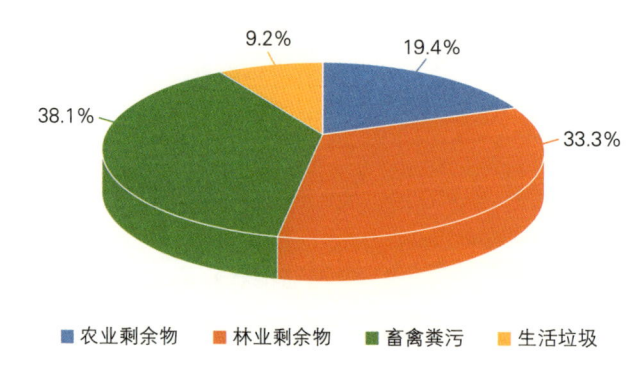

图 2.12 中国生物质资源占比估算

生物质资源分布区域特征明显

中国生物质资源分布具有显著的区域性特征。农业生物质资源主要分布在河南、黑龙江、山东、安徽等农业大省；林业生物质资源主要分布在云南、四川、广西、内蒙古等省份；畜禽粪污主要分布在山东、河南、四川、内蒙古、湖南等省份；生活垃圾主要分布在经济发达省份和人口大省，包括广东、山东、河南等。

2.6 地热能

中国地热资源约占全球地热资源的

1/6

中国地热资源丰富，约占全球地热资源的 1/6。全国 336 个主要城市浅层地热资源年可开采量折合标准煤约 7 亿 t，可实现供暖（制冷）建筑面积约 320 亿 m²；中深层地热资源年可开采量折合标准煤超 18.7 亿 t，以中低温资源为主，高温资源较少；中国大陆埋深 3~10km 深度内干热岩型地热资源量折合标准煤约 856 万亿 t，开发潜力大。

浅层地热资源在全国广泛分布，华北平原和长江中下游平原地区最适宜浅层地热能开发利用。中国地埋管地源热泵适宜区占总评价面积的 29%，地下水水源热泵适宜区占总评价面积的 11%。

中深层地热资源以水热型地热资源为主，中低温资源主要分布在四川盆地、华北平原等 15 个中大型沉积盆地和山地断裂带，少量高温资源分布在藏南—川西—滇西和东南沿海水热活动密集带。

干热岩地热资源主要分布于板块构造体边缘及火山活动区，包括青藏高原、云贵高原、东南沿海等地区，中国干热岩资源潜力巨大，目前技术条件下经济成本高，仍处于试验开发阶段。

中国 336 个主要城市浅层地热开发适宜分区情况如图 2.13 所示。

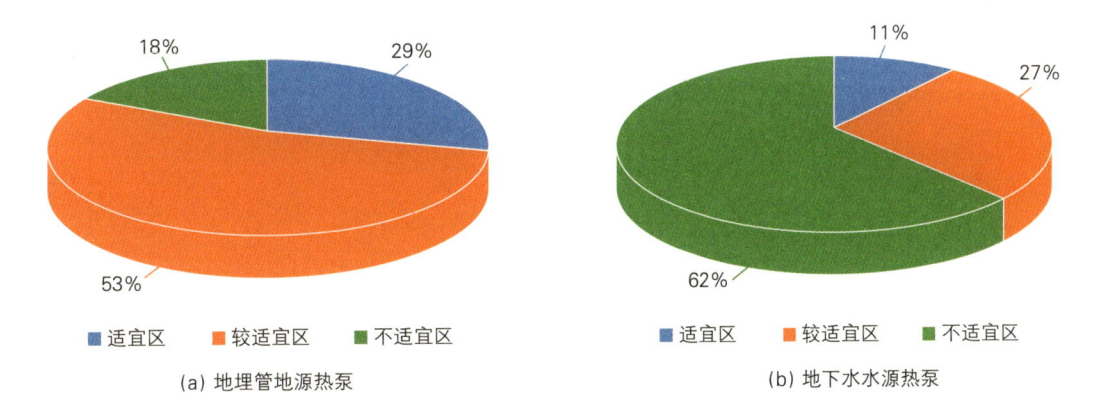

(a) 地埋管地源热泵

(b) 地下水水源热泵

图 2.13 中国 336 个主要城市浅层地热开发适宜分区情况

3 开发

3.1 常规水电

截至2024年年底，中国常规水电已建装机容量 **3.77亿 kW**

常规水电已建装机容量 3.77亿 kW

截至 2024 年年底，中国常规水电已建装机容量 3.77 亿 kW，其中装机容量超过 500 万 kW 的省份共计 14 个，四川（9770 万 kW）、云南（8360 万 kW）、湖北（3685 万 kW）三省装机规模位居前 3 位，合计占全国水电装机容量 57.8%，排名第 4～10 位的省份是贵州、广西、青海、湖南、福建、新疆和甘肃，排名前 10 位的省份合计 3.24 亿 kW，占全国水电总装机容量的 85.8%。2024 年中国主要省份常规水电装机容量统计如图 3.1 所示。

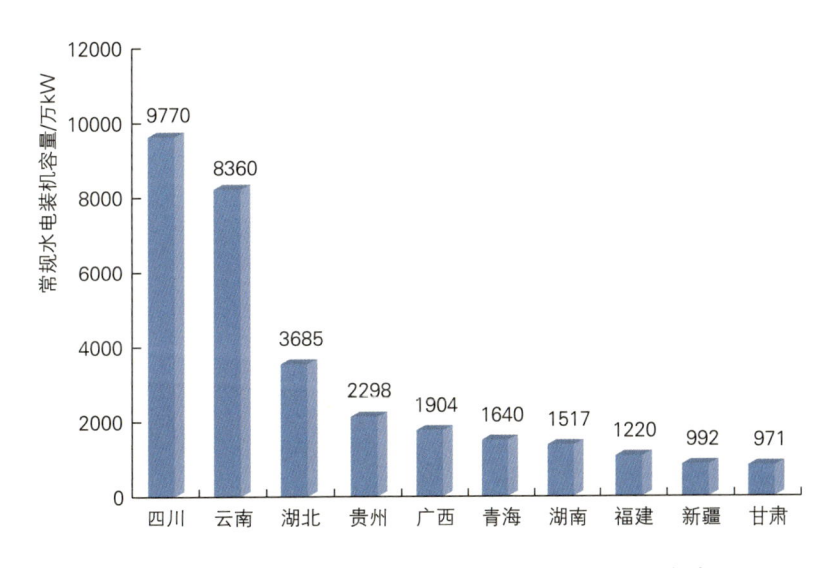

省份	装机容量/万kW
四川	9770
云南	8360
湖北	3685
贵州	2298
广西	1904
青海	1640
湖南	1517
福建	1220
新疆	992
甘肃	971

图 3.1 2024 年中国主要省份常规水电装机容量统计

常规水电新增投产装机容量 625 万 kW

2024 年，中国常规水电新增投产装机容量 **625 万 kW**

2024 年，中国常规水电新增投产装机容量 625 万 kW，主要分布在青海、云南、四川等省份。其中，新增投产的大型水电站（机组）装机容量 517 万 kW，包括玛尔挡全部 5 台机组（共 220 万 kW）、羊曲全部 3 台机组（共 120 万 kW）、托巴全部 4 台机组（共 140 万 kW）、硬梁包 2 台机组（共 30.6 万 kW）、银江 1 台机组（共 6.5 万 kW）等。

大型常规水电核准在建装机容量约 9000 万 kW

2024 年，新增核准大型常规水电装机容量约 **6400 万 kW**

截至 2024 年年底，中国核准在建大型常规水电站合计装机容量（按在建机组统计）约 9000 万 kW，主要分布在金沙江、雅砻江、大渡河、西南诸河、西北诸河等流域。2024 年，新增核准大型常规水电装机容量约 6400 万 kW，包括大渡河老鹰岩一级水电站等。截至 2024 年年底中国核准在建大型常规水电站基本情况见表 3.1。

表 3.1　截至 2024 年年底中国核准在建大型常规水电站基本情况

流　域	水 电 站 名 称	装机容量/万 kW
金沙江	叶巴滩、拉哇、巴塘、银江、旭龙、昌波	854
雅砻江	孟底沟、卡拉、牙根一级	372
大渡河	巴拉、双江口、金川、硬梁包、沙坪一级、枕头坝二级、绰斯甲、老鹰岩一级、老鹰岩二级	619
黄河	古贤水利枢纽	210
乌江	白马航电枢纽	48
西南诸河	扎拉等	6560
其他河流	龙溪口、老木孔、东风岩、乔巴特、大石峡、精河一级、霍尔古吐等	321
合　计		8984

3.2 抽水蓄能

截至 2024 年年底，中国抽水蓄能电站总装机规模达到

5869 万 kW/
4.6 亿 kW·h

投产规模超 5800 万 kW

截至 2024 年年底，中国抽水蓄能电站总装机规模达到 5869 万 kW/4.6 亿 kW·h。华东抽水蓄能装机规模最大，为 2041 万 kW；华北和南方次之，装机规模分别为 1207 万 kW、1028 万 kW。2024 年中国已建投产抽水蓄能装机规模及分布情况如图 3.2 所示。

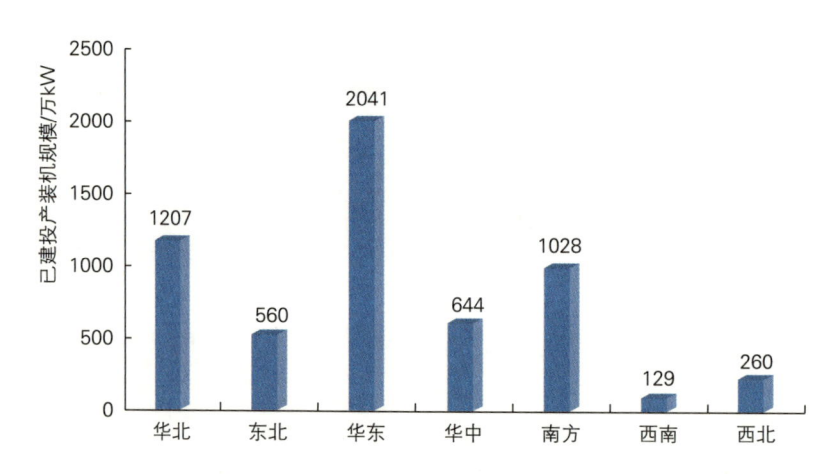

图 3.2　2024 年中国已建投产抽水蓄能装机规模及分布情况

（华北 1207，东北 560，华东 2041，华中 644，南方 1028，西南 129，西北 260）

2024年，中国抽水蓄能新增发电投产规模
775 万 kW/
4850 万 kW·h

新增投产规模 775 万 kW

2024 年，中国抽水蓄能新增发电投产规模 775 万 kW/4850 万 kW·h，包括陕西镇安（4×35 万 kW）、辽宁清原（4×30 万 kW）、福建厦门（3×35 万 kW）、重庆蟠龙（3×30 万 kW）、新疆阜康（3×30 万 kW）、浙江宁海（2×35 万 kW）、浙江缙云（1×30 万 kW）、河北丰宁（2×30 万 kW）、江苏句容（2×22.5 万 kW）、河南五岳（1×25 万 kW）抽水蓄能电站。

2024 年中国新增核准抽水蓄能电站总装机规模
3090 万 kW/
2.0 亿 kW·h

新增核准规模 3090 万 kW

2024 年中国新增核准抽水蓄能电站 23 座，核准总装机规模 3090 万 kW/2.0 亿 kW·h。东北核准规模较高，为 840 万 kW；华北、华东、华中、南方、西北核准规模在 350 万～550 万 kW 之间；西南无抽水蓄能项目核准。2024 年中国抽水蓄能电站核准情况统计见表 3.2。

表 3.2　2024 年中国抽水蓄能电站核准情况统计表

区　域	省（自治区）	装机容量 /万 kW	设计储能量 /(万 kW·h)	数量 /座
华北	河北	220	1320	2
	山西	140	840	1
	内蒙古	120	720	1
	小计	480	2880	4
东北	吉林	360	2880	2
	黑龙江	480	2880	3
	小计	840	5760	5
华东	安徽	260	1560	2
	福建	120	1080	1
	小计	380	2640	3
华中	河南	120	720	1
	江西	360	2400	3
	小计	480	3120	4

续表

区　域	省（自治区）	装机容量 /万 kW	设计储能量 /(万 kW·h)	数量 /座
南方	贵州	120	720	1
	云南	240	1440	2
	小计	360	2160	3
西北	青海	60	360	1
	陕西	210	1260	1
	新疆	280	1680	2
	小计	550	3300	4
总　计		3090	19860	23

截至 2024 年年底，中国抽水蓄能电站核准在建总规模约

2 亿 kW/
13 亿 kW·h

核准在建总规模约 2 亿 kW

截至 2024 年年底，中国抽水蓄能电站核准在建总规模约 2 亿 kW/13 亿 kW·h。其中，华北、华东、华中、西北核准在建规模均超过 3000 万 kW。2024 年中国核准在建抽水蓄能电站装机规模分布情况如图 3.3 所示。

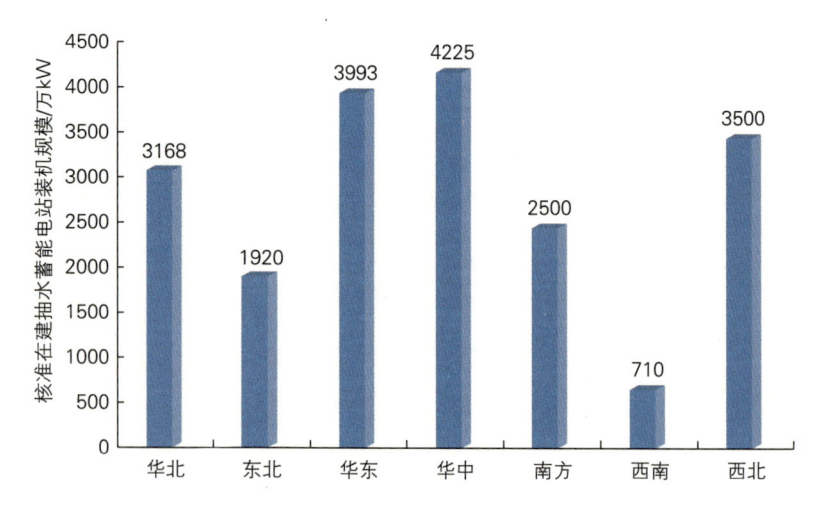

核准在建抽水蓄能电站装机规模/万 kW：
- 华北 3168
- 东北 1920
- 华东 3993
- 华中 4225
- 南方 2500
- 西南 710
- 西北 3500

图 3.3　2024 年中国核准在建抽水蓄能电站装机规模分布情况

抽水蓄能电站工程项目单位造价水平保持稳定态势

2024 年中国核准抽水蓄能电站工程项目平均单位千瓦总投资为 **6884 元**

2024 年中国核准抽水蓄能电站工程项目平均单位千瓦静态投资为 5767 元，较 2023 年下降 1.5%；平均单位千瓦总投资为 6884 元，较

2023 年下降 2.2%。其主要原因是建设条件相对较差的西北地区核准项目装机规模占比由 2023 年的 22.5% 降低至 17.8%；建设期贷款利率大幅降低，5 年期以上贷款市场报价利率（LPR）由年初的 4.2% 降低至 3.6%。

3.3 风电

截至 2024 年年底，中国风电累计装机容量达到
52068 万 kW

风电新增装机容量 7982 万 kW、创历史新高

截至 2024 年年底，中国风电累计装机容量达到 52068 万 kW，同比增长 18.0%；占全国全口径发电总装机容量的 15.1%，较 2023 年提高了 0.4 个百分点。其中，陆上风电装机容量 47941 万 kW，海上风电装机容量 4127 万 kW。新增装机容量 7982 万 kW，达历史新高，较 2023 年同比增长 5.5%。2014—2024 年中国风电装机容量及变化趋势如图 3.4 所示。

图 3.4　2014—2024 年中国风电装机容量及变化趋势

陆上风电装机集中在"三北"地区

中国陆上风电累计装机容量达到
47941 万 kW

2024 年中国陆上风电新增装机 7578 万 kW，累计装机容量达到 47941 万 kW，占全国风电累计装机容量的 92.1%。分区域看，"三北"地区陆上风电装机占全国风电总装机的 72%，内蒙古、新疆、河北和甘肃陆上风电累计并网装机容量均超过 3000 万 kW，其中内蒙古以 8599 万 kW 规模位列全国陆上风电并网容量第一，占全国陆上风电装机的 17.9%。全国新增陆上风电装机主要分布在"三北"地区，其中内蒙古风电新增装机容量 1638 万 kW，占全国风电新增装机容量的 22%。2024 年中国主要省份陆上风电累计并网装机容量及变化统计如图 3.5 所示。

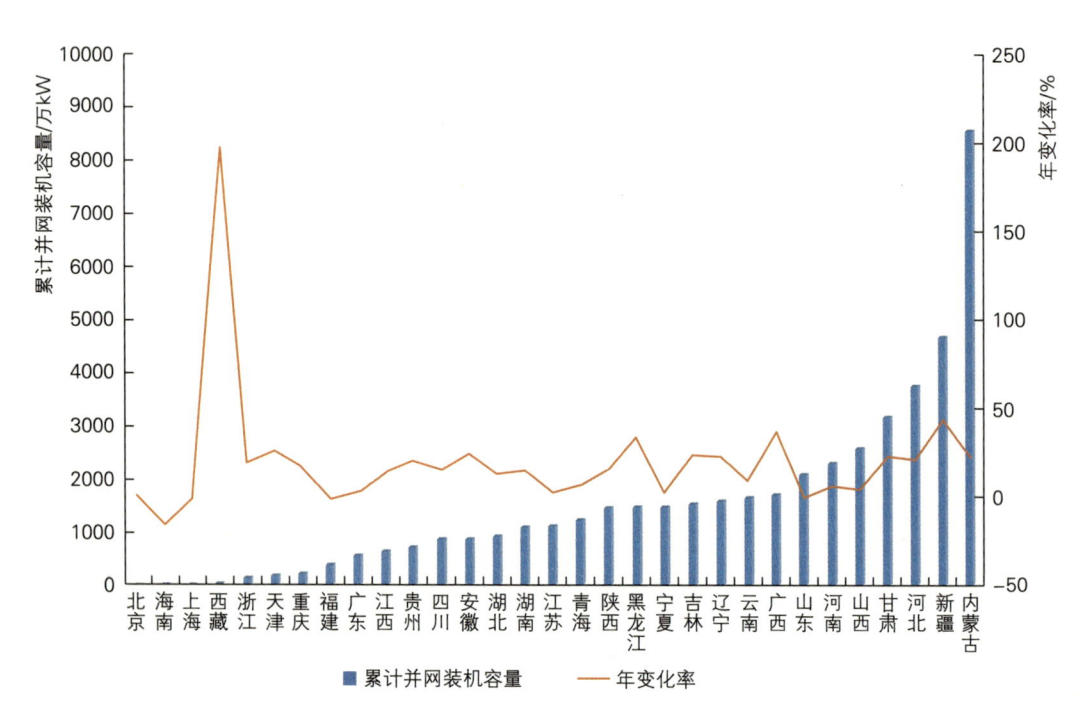

图 3.5 2024 年中国主要省份陆上风电累计并网装机容量及变化统计

海上风电装机实现沿海 11 省份全覆盖

中国海上风电累计并网容量达到

4127 万 kW

2024 年中国海上风电新增并网装机规模 404 万 kW，累计并网容量达到 4127 万 kW，已连续四年位居全球首位，10 年来装机规模扩大了 60 倍。2024 年，广西、海南实现海上风电并网装机零的突破。目前，中国大陆沿海 11 个省份均有海上风电项目建成投运，其中广东和江苏装机规模为千万千瓦级，山东、浙江、福建、辽宁四省装机均超过百万千瓦。2012—2024 年中国海上风电装机容量统计如图 3.6 所示。2024 年中国沿海 11 省份海上风电装机容量情况如图 3.7 所示。

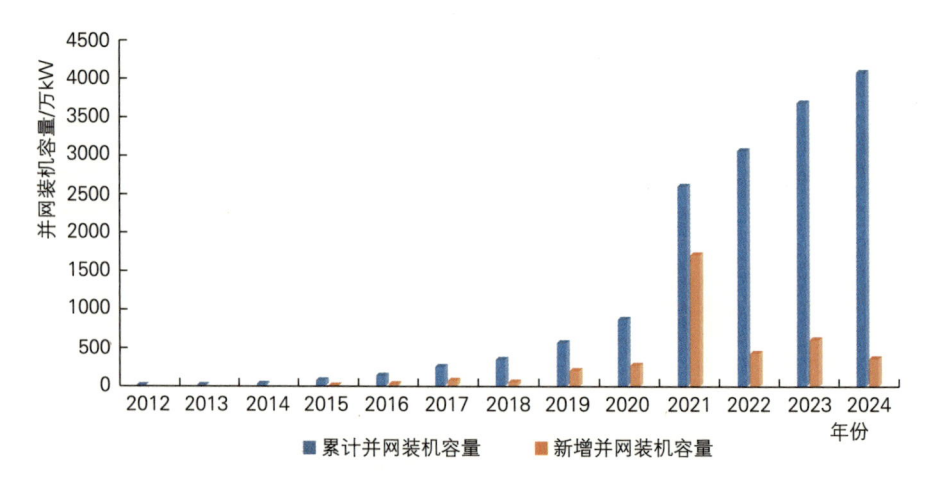

图 3.6 2012—2024 年中国海上风电装机容量统计

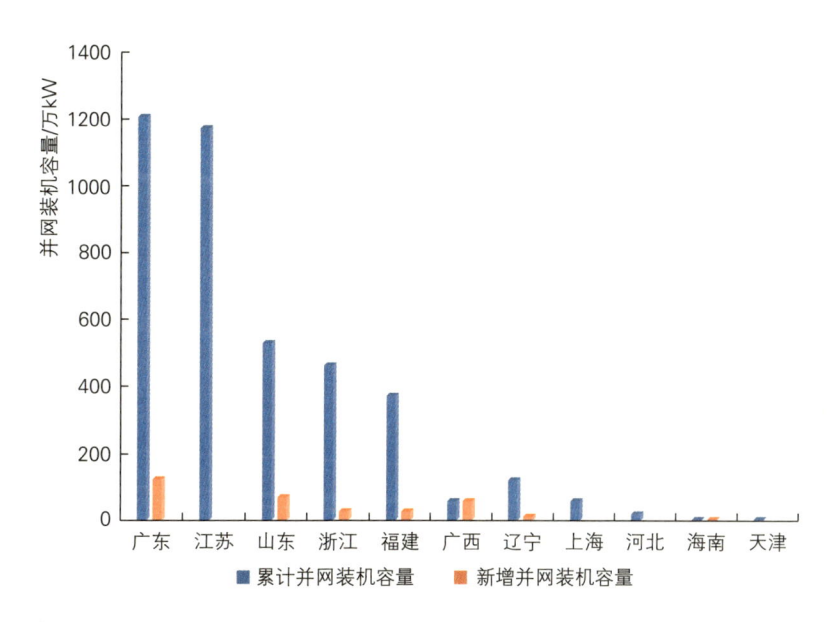

图 3.7 2024 年中国沿海 11 省份海上风电装机容量情况

风电项目单位造价进一步下降

2024 年中国陆上风电项目平均单位千瓦总投资约 **4200 元**

海上风电项目平均单位千瓦总投资 **9000～12500 元**

得益于项目整体规模化开发、大容量机型的广泛应用，以及充分的市场竞争，2024 年中国陆上、海上风电项目单位造价进一步下降。其中，陆上风电项目平均单位千瓦总投资约 4200 元，较 2023 年降低 6.7%。海上风电项目施工难度大、船机成本高，且受不同海域建设条件差异影响，不同项目单位造价差异较大，平均单位千瓦总投资在 9000～12500 元区间，呈平稳下降趋势。"十二五"以来中国陆上、海上风电工程单位千瓦总投资统计如图 3.8 所示。

图 3.8 "十二五"以来中国陆上、海上风电工程单位千瓦总投资统计

3.4 太阳能发电

截至 2024 年年底，中国太阳能发电累计装机容量

88666 万 kW

2024 年中国光伏发电新增装机容量达到

27798 万 kW

再创历史新高

太阳能发电规模保持稳定快速增长

截至 2024 年年底，中国太阳能发电累计装机容量 88666 万 kW，同比增长 45%，占全国电源总装机容量的 26%，较 2023 年提高 5 个百分点，稳居全国各电源品类装机规模第 2 位。其中，光伏发电累计装机容量 88568 万 kW，同比增长 45.6%；光热发电累计装机容量 98 万 kW，同比增长 71.9%。2024 年中国光伏发电新增装机容量达到 27798 万 kW，再创历史新高，同比增长 28.5%。2014—2024 年中国光伏发电装机容量及变化趋势如图 3.9 所示。2024 年中国占全球光伏新增装机容量的 61.5%，占全球光伏累计装机容量的 47.7%，光伏新增装机容量与累计装机容量分别连续 12 年和 10 年位居全球首位。

图 3.9 2014—2024 年中国光伏发电装机容量变化趋势

截至 2024 年年底，中国光伏发电累计装机规模排名前 5 位的省份为山东（7613 万 kW）、河北（7202 万 kW）、江苏（6165 万 kW）、新疆（5346 万 kW）、浙江（4728 万 kW）。总体分布来看，集中式光伏电站开发建设以西部、华北地区为主，分布式光伏电站开发建设以华东、华北、华中地区为主。2024 年中国主要地区光伏发电累计并网装机容量如图 3.10 所示。

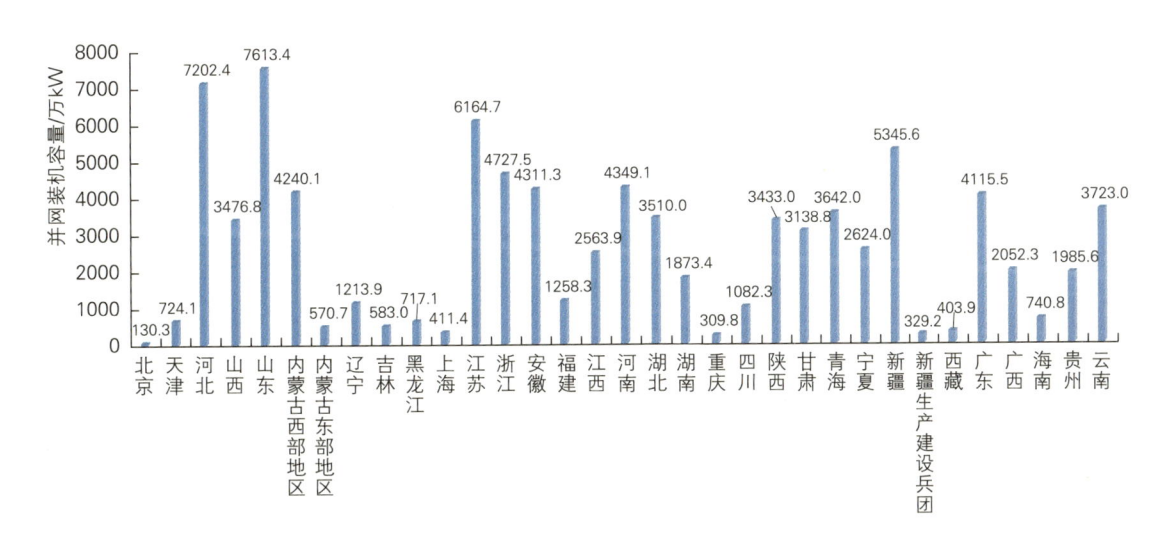

图 3.10 2024 年中国主要地区光伏发电累计并网装机容量

集中式光伏电站新增装机容量 1.6 亿 kW、创历史新高

2024 年中国集中式光伏电站累计装机容量
51089 万 kW

2024 年中国集中式光伏电站新增装机容量 15980 万 kW，同比增长 33%；累计装机容量 51089 万 kW，同比增长 45%；在开发建设条件收紧和环境约束要求提高的背景下，保持了良好的增长势头。 分区域看，2024 年集中式光伏电站累计装机规模排名前 5 位的省份为新疆（5319 万 kW）、内蒙古（4503 万 kW）、河北（4294 万 kW）、青海（3604 万 kW）、云南（3433 万 kW）。 集中式光伏电站新增装机规模排名前 5 位的省份分别为新疆（2659 万 kW）、内蒙古（2321 万 kW）、云南（1495 万 kW）、河北（1271 万 kW）、青海（1084 万 kW）。

分布式光伏发电新增装机容量首次超 1 亿 kW

2024 年中国分布式光伏发电累计装机容量
37478 万 kW

2024 年中国分布式光伏发电继续保持快速发展势头，新增装机容量 11818 万 kW，同比增长 23%；累计装机容量 37478 万 kW，同比增长 47%，在全部光伏发电并网装机容量中占比达到 42.3%，实现了大规模跨越式发展。 分区域看，2024 年分布式光伏发电累计装机规模排名前 5 位的省份为山东（5021 万 kW）、江苏（4570 万 kW）、浙江（3894 万 kW）、河南（3719 万 kW）、河北（2908 万 kW），新增装机规模排名前 5 位的省份分别是江苏（1797 万 kW）、浙江（1204 万 kW）、广东（1116 万 kW）、安徽（932 万 kW）、山东（922 万 kW）。 分布式光伏在华北、华东、华中等区域保持快速稳定增长的同时，广东、广西等新兴市场出现高速增长的势头，"两广"（广东、广西）地区全年新增分布式光伏发电装机容量共计 1754 万 kW。

光热一体化项目建设稳步推进

2024年太阳能热发电"光热+"一体化开发模式进入新阶段，多能互补与储能协同效应增强，形成梯次推进的产业格局，年内新投运3个光热发电项目，装机容量合计41万kW。截至2024年年底，中国光热发电并网总装机规模98万kW。在建光热项目主要分布于新疆、甘肃、青海、吉林和西藏5个光热资源富集省（自治区），预计多数将于2025年并网。新疆、内蒙古、甘肃、青海、西藏和四川六省（自治区）已完成备案的光热项目共计37个，合计装机容量480万kW。以上在建及规划项目大多数采用一体化配置模式，推动了光热与光伏、风电协同发展，光热发电作为调峰电源与储能载体的战略定位更加明确。2024年中国在建、待建光热项目装机规模及分布情况如图3.11所示。

> 截至2024年年底，中国光热发电并网总装机规模
> **98万 kW**

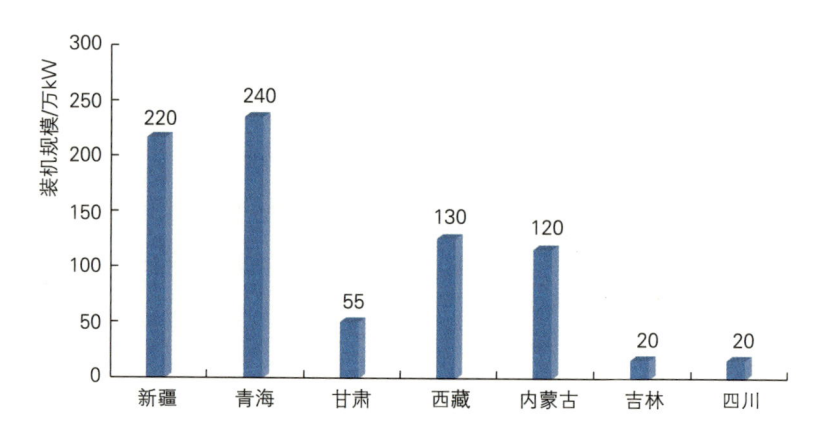

地区	装机规模/万kW
新疆	220
青海	240
甘肃	55
西藏	130
内蒙古	120
吉林	20
四川	20

图 3.11　2024年中国在建、待建光热项目装机规模及分布情况

光伏组件价格持续下降带动工程投资降低

2024年集中式光伏电站项目平均单位千瓦总投资约为3450元，较2023年降低约11.5%。受技术进步、规模化生产、原材料价格下跌、产业链供需关系等因素影响，2024年前三季度光伏组件中标价格呈现快速下滑的趋势，一季度中标均价0.90元/W，三季度中标均价降至0.75元/W左右，10月份后有所企稳，四季度均价0.69元/W。海上光伏近年来随着开发建设项目逐步增多，设计方案、基础型式、施工工艺等方面逐步优化提升，项目造价水平已大幅下降，2024年已降至4800元/kW。结合沿海区域光照资源及送出条件优势，对照偏远高海拔区域，项目开发价值逐步提高。"十二五"以来中国集中式陆上光伏发电工程单位千瓦总投资统计如图3.12所示。

> 2024年集中式光伏电站项目平均单位千瓦总投资约为
> **3450元**

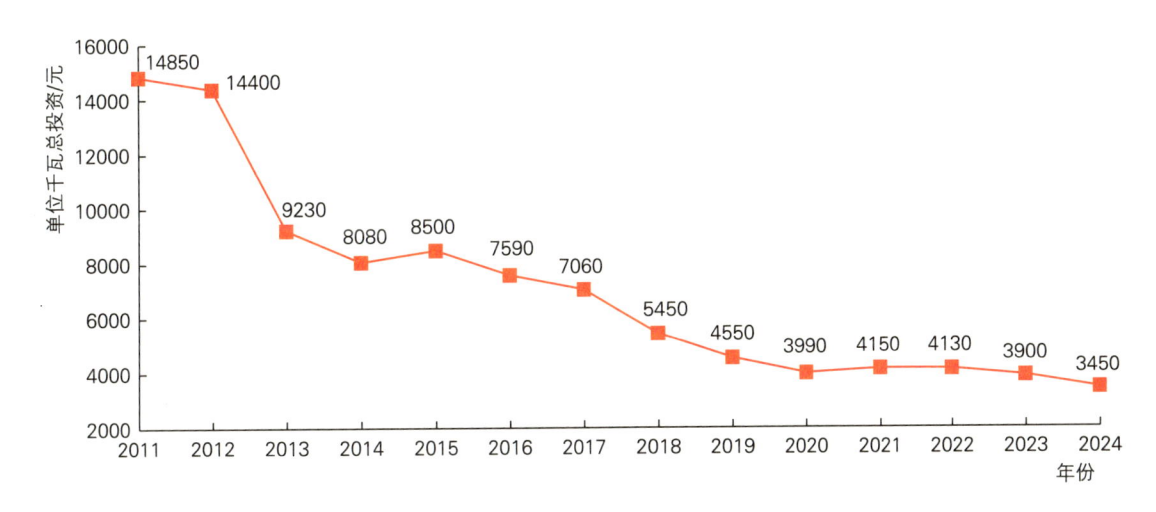

图 3.12　"十二五"以来中国集中式陆上光伏发电工程单位千瓦总投资统计

光热发电项目单位造价水平持续下降

受益于设备国产化替代、市场竞争和规模化发展，光热发电项目单位造价水平持续下降。经统计，2024年100MW及以上规模光热项目平均单位千瓦概算总投资约16300元，较2023年下降约11.9%。多数项目单位千瓦总投资介于13000～20000元之间。

2024年100MW及以上规模光热项目平均单位千瓦概算总投资约 **16300元**

3.5 生物质能

截至2024年年底，中国生物质发电累计并网装机规模达到 **4599万kW**

生物质发电装机规模增速持续放缓

生物质发电装机规模增速下降。截至2024年年底，中国生物质发电累计并网装机规模达到4599万kW，同比增长4.6%，较2023年下降2.2个百分点。其中，农林生物质发电累计并网装机规模1709万kW，较2023年增加21万kW；生活垃圾焚烧发电累计并网装机规模2738万kW，较2023年增加161万kW；沼气发电累计并网装机规模152万kW，较2023年增加3万kW。2019—2024年中国生物质发电并网装机容量及变化趋势如图3.13所示。

生物质能非电利用规模保持稳定增长

2024年，中国生物天然气年产气规模约4.8亿m³，同比增长14.3%；燃料乙醇年产量约为380万t，同比增长2.7%；固体成型燃料和生物柴油年产量分别约为2800万t和146万t。

生物质发电项目单位造价整体平稳

垃圾焚烧发电项目造价水平维持稳定态势，单位千瓦总投资约

图 3.13　2019—2024 年中国生物质发电并网装机容量及变化趋势

25000 元。农林生物质发电项目造价水平呈平稳下降态势，单位千瓦总投资约 9500 元。

3.6 地热能

地热能规模化开发格局持续深化

中国地热能开发利用方式以供暖（制冷）为主，文旅及农业利用次之，少量为地热能发电项目。浅层地热能供暖（制冷）利用热（冷）源已全面扩展至地下水、地下土壤、岩体、地表水。项目在中国东部平原地区、环渤海地区以及长江中下游平原呈现规模化开发趋势。中深层地热能供暖方面，华北地区依托丰富的地热资源支撑，在碳达峰碳中和目标及北方地区冬季清洁取暖需求驱动下，已成为中国水热型地热供暖的主要区域。地热发电项目合计装机容量 57MW，山西大同、四川遂宁、陕西咸阳等地的示范试验电站也陆续建成。地热农业和文旅产业多元发展，温室大棚、养殖场面积稳步增加，地热温泉旅游企业超过 5000 家。

地热能开发力度逐步增强

地热能被正式纳入《中华人民共和国能源法》，明确要因地制宜发展地热能。全国多个省市相继发布地热能开发利用规划和支持政策，涉及地热能供暖、发电、资源勘查等多个领域。河南省计划实施地热能利用集中连片开发，建设郑州、开封、周口、濮阳 4 个千万平方米地热供暖示范区。河北省香河县和大厂回族自治县地热供暖先导试验方案获批，规划供暖面积分别为 1800 万 m² 和 600 万 m²。山东省计划支持建设 100 口高标准中深层地热井，以点带面促进中深层地热能开发利用。西藏自治区发展改革委等八部门联合印发《关于促进西藏自治区地热能开发利用的实施意见》，提出五大重点任务。

3.7 海洋能

海洋能发电新增项目仍以单机试验示范为主

截至 2024 年年底，中国海洋能总装机规模约 12MW，与 2023 年相比，2024 年新增项目均为中小型单机装置，无兆瓦级新项目投运，其中首台超 100kW 的气动式波浪能发电装置"华清号"和可自航混流气动式波浪能发电平台"集大 4 号"相继成功下水。在运海洋能项目中，中国潮流能和波浪能发电示范工程规模分别达 5.5MW 和 2.3MW，约占全球潮流能和波浪能发电总规模的 28% 和 30%，分别居全球第 2 位和第 1 位，继续保持了国际领先。

海洋能新型开发业态加速拓展应用

中国自主研发的波浪能海洋生态监测浮标"合作者号"下水投运，利用波浪能转换技术，就地将海浪能量转化为电能，弥补传统浮标仅依靠太阳能和蓄电池作为能量来源的不足，为浮标搭载的各类传感器和设备提供持续稳定的电力供应，有效减少更换电池、缺电断电等问题，为中国建立深远海全维度海洋观测监测网络提供能量保障，为波浪能发电开辟就地利用新场景。

3.8 新型储能

全国新型储能累计装机规模达
7376 万 kW
较 2023 年年底增长超过
130%

新型储能累计装机规模突破 7000 万 kW

2024 年中国新型储能新增装机规模 4237 万 kW，全国新型储能累计装机规模达 7376 万 kW，较 2023 年年底增长超过 130%。其中，华北地区已投运新型储能装机规模占全国的 30.1%，西北地区占 25.4%，华东地区占 16.9%，华中地区占 14.7%，南方地区占 12.4%，东北地区占 0.5%。

新型储能单体电站开发规模逐步呈现集中式、大型化趋势

截至 2024 年年底，10 万 kW 及以上项目装机占比 62.3%，较 2023 年提高约 10 个百分点，1 万～10 万 kW 项目装机占比 32.8%，不足 1 万 kW 项目装机占比 4.9%。从储能时长看，4h 及以上新型储能电站项目逐步增加，装机占比 15.4%，较 2023 年年底提高约 3 个百分点，2～4h 项目

装机占比 71.2%，不足 2h 项目装机占比 13.4%。

新型储能仍以锂离子电池为主导

截至 2024 年年底，全国已建成投运新型储能项目累计装机规模达 7376 万 kW，其中锂离子电池储能占比 97.2%，铅炭电池储能占比 0.7%，压缩空气储能占比 1.1%，液流电池储能占比 0.7%，其他新型储能技术占比 0.3%。

新型储能非电池系统成本下降空间有限

以锂离子电池为代表的电化学储能成本近年来逐步下降，根据相关成果，锂离子电池储能时长仍以 2h 为主，平均单位造价 1.2～1.3 元/（W·h），其中电池系统成本约占 70% 且造价仍有下降空间，配套电气系统、建安工程和其他费用（如用地费、勘察设计费等）等非电池系统成本约占 30%，下降空间有限。

3.9 氢能

2024 年中国已建可再生能源制氢产能达

12.3 万 t/年

可再生能源制氢发展步伐持续加快

中国可再生能源制氢产能呈逐年上升态势，绿氢开发步入规模化发展阶段。2024 年中国已建可再生能源制氢产能达 12.3 万 t/年，同比增长约 59.7%，覆盖 23 个省（自治区、直辖市），其中内蒙古、宁夏、新疆项目产能位居前 3 位，占全国产能超 70%。中国可再生能源制氢在建项目产能约 140 万 t/年，规划项目产能 700 万 t/年以上，可再生能源制氢发展势头迅猛。2020—2024 年中国可再生能源制氢产能及变化趋势如图 3.14 所示。

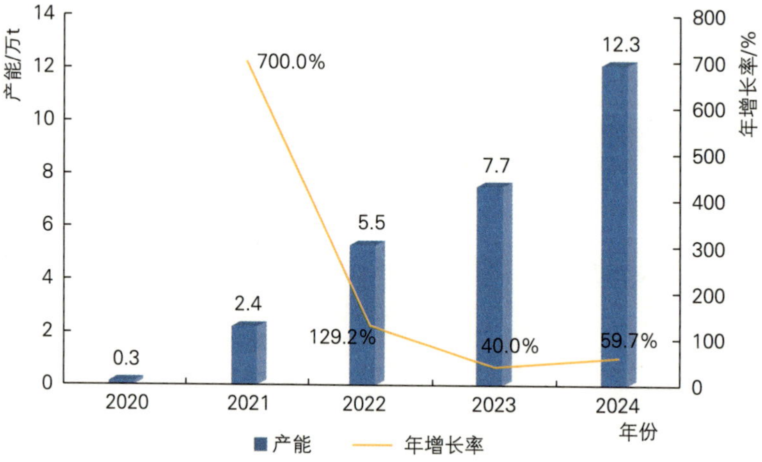

图 3.14　2020—2024 年中国可再生能源制氢产能及变化趋势

绿色氢氨醇开发模式保持多元化发展

中国可再生能源制氢产业朝着商业化方向快速迈进，绿氢开发技术路线保持多元化发展。风光制氢和光伏制氢模式持续落地，内蒙古包头达茂旗项目、鄂尔多斯准格尔旗纳日松项目、宁东可再生氢碳减排示范区项目建成或投产。风光制氢氨醇一体化项目加速落地，在建的吉林大安风光制绿氢合成氨项目、松原绿色氢氨醇一体化项目单体绿氨产能规模达20万吨级。大庆炼化生物天然气制绿色甲醇项目部分投产，产品获得中国首张发酵工艺的国际可持续发展与碳认证（International Sustainability Carbon Certification，ISCC）证书。首个工厂化海水直接制氢科研项目在青岛建成，将验证以工厂化运行方式实现光伏电解海水制氢。

绿氢生产成本持续明显下降

在风电、光伏及电解槽设备成本下降的驱动下，新能源电解水制氢成本降幅明显。2024年碱性电解槽系统平均价格降至120万元/MW，相比2023年降低约20%；PEM电解槽系统平均价格降至600万元/MW，相比2023年降低约32%。当前，"三北"地区可再生能源制氢平均成本在16~24元/kg，未来需要结合可再生能源波动性、随机性和间歇性的出力特点，进一步提高制氢设备动态适应性和运行可靠性，以降低绿氢成本，提升竞争力。

4 建设

水电水利规划设计总院 徐沈智 摄影

4.1 常规水电

4.1.1 建设总体情况

国家重大水电工程建设取得突破

2024年，玛尔挡、羊曲、托巴、硬梁包、银江等水电站投产发电，大型水电站新增投产容量517万kW；国家重大水电工程、大渡河老鹰岩一级水电站等大型常规水电站取得核准。截至2024年年底，中国核准在建常规水电总装机容量约9000万kW。

4.1.2 开发建设主体

在建大型常规水电站建设主体仍以央企为主

在建大型常规水电工程建设主体主要包括国家能源投资集团有限责任公司、中国华电集团有限公司、中国华能集团有限公司、国家开发投资集团有限公司等央企。

4.1.3 工程建设特点

料源供应及料场边坡处理是特高堆石坝工程建设关键

双江口、拉哇等特高堆石坝土石方填筑总量大、填筑强度高。2024年，双江口大坝最大月填筑量153万 m^3，年累计填筑量1680万 m^3，料场边坡最大高度460m；拉哇大坝连续多月填筑量突破100万 m^3，年累计填筑量850万 m^3，料场边坡最大高度398m。提升料场开采石料利用率和料源供应能力、控制填筑料质量、保证料场开挖后高边坡长期安全稳定是工程建设的关键。

工程位置偏远、交通运输条件差、建设条件复杂

在建常规水电工程多位于西部高山峡谷地区，建设地点偏远，大型施工机械、工程大件设备、大宗原材料等运输距离远、成本高，且运输易受季节、气候、天气变化等影响，尤其是冬季、雨季因道路冰冻、滑坡、坍塌等可能导致交通阻断，影响工程建设。叶巴滩、拉哇、双江口等工程枢纽区地形、地质条件复杂，坝基处理、洞室围岩稳定、库岸处理、坝体混凝土温控防裂、施工期防洪度汛等技术难度大。

4.1.4 重大典型项目

全国重大水电工程建设稳步推进、多个项目实现了重要建设节点目标

大渡河双江口水电站大坝累计填筑量超 3000 万 m^3，泄洪建筑物洞室全部贯通；黄河玛尔挡、黄河羊曲、大渡河硬梁包水电站实现蓄水及机组投产发电；开都河霍尔古吐水电站完成二期截流；雅砻江两河口水电站完成枢纽工程专项验收。2024 年取得重要建设节点目标的常规水电工程典型项目见专栏 4.1。

专栏 4.1　2024 年取得重要建设节点目标的常规水电工程典型项目

大渡河流域在建世界级高坝的水电项目

四川大渡河双江口水电站位于四川省阿坝藏族羌族自治州马尔康市、金川县境内，是大渡河流域水电梯级开发的上游控制性水库工程。电站装机容量 2000MW，安装 4 台 500MW 的水轮发电机组，水库正常蓄水位 2500m，大坝为砾石土心墙堆石坝，最大坝高 315m。截至 2024 年年底，大坝累计填筑量超 3000 万 m^3。

金沙江流域在建装机容量最大的水电项目

金沙江旭龙水电站位于云南省德钦县与四川省得荣县交界的金沙江干流上游河段，是金沙江上游河段规划 13 级电站中的第 12 梯级。电站总装机容量 240 万 kW，水库正常蓄水位 2302m，大坝为混凝土双曲拱坝，最大坝高 213m。2023 年 11 月，工程实现大江截流，计划 2025 年年底完成大坝基础开挖，2029 年年初大坝浇筑到顶。

国内隧洞直径最大的引水式水电项目

四川大渡河硬梁包水电站，位于四川省甘孜藏族自治州泸定县境内，是大渡河干流 28 电站中的第 14 梯级。水电站采用引水式开发，引水隧洞最大开挖洞径达 16.7m，刷新了中国引水式水电站隧洞开挖直径最大纪录。电站安装 4 台单机容量为 270MW 的立轴混流式机组和 1 台单机容量为 36MW 的轴流转桨式水轮发电机组，总装机容量 1116MW。2024 年 12 月，工程下闸蓄水，首批机组投产发电。

4.1.5 工程建设质量

大型水电工程建设质量稳步提升

2024 年，大坝温控防裂、泄洪建筑物、清水免装修混凝土等工程重要项目、关键工艺质量持续提升。智能碾压、智能浇筑、智能温控、智能灌浆、智慧砂石等智能建造技术持续改造升级，保障工程建设质量。

"复杂条件高坝工程智能建设关键技术及应用"成果获"国家科技进步奖二等奖","高海拔300m特高土石坝泄流安全控制关键技术与应用""高寒地区复杂地质条件高拱坝健康诊断与安全监控关键技术及应用"等获"2024年度水力发电科学技术奖"。

复杂建设条件下大型水电工程建设依然存在地质风险和技术挑战

大型水电工程建设条件和地质条件愈趋复杂,工程面临高寒、高海拔、高地震烈度等复杂建设条件以及超深厚覆盖层、活动性断裂带、岩溶、高地应力等复杂工程地质问题,带来的坝基防渗、围岩大变形与突泥涌水、边坡稳定等工程技术问题,需深入研究应对方案。

4.2 抽水蓄能

4.2.1 建设总体情况

抽水蓄能电站逐步由东向西规模化发展格局愈加明晰

"十四五"期间,抽水蓄能电站建设规模持续快速增长,全国建设项目数量再创历史新高。2024年,在电力质监机构注册的在建抽水蓄能电站共97个,同比增长54%;装机容量共13345.4万kW,同比增长57%。在建项目主要分布在华东、华中等电力需求大、调峰需求高的区域,分别有32个、22个项目,装机容量分别为4248万kW、2790万kW;西北等新能源富集区域超过华南、华北区域,装机容量达到1938万kW。在建项目中,华东、华中区域仍是主力军,西北等新能源富集区域正迎头赶上。截至2024年年底中国抽水蓄能机组项目装机容量及分布情况如图4.1所示。

4.2.2 开发建设主体

抽水蓄能电站开发建设主体呈现多元化发展新格局

随着国家鼓励社会资本进入抽水蓄能行业的政策出台,抽蓄电站投资建设主体多元化趋势明显增长,地方能源投资国企以及非电网企业的参与度在逐渐提高,2024年在建抽水蓄能电站开发建设形成电网企业和能源央企为主、新兴主体积极参与的共同发展新格局。截至2024年年底中国抽水蓄能电站在建项目开发建设主体占比如图4.2所示。

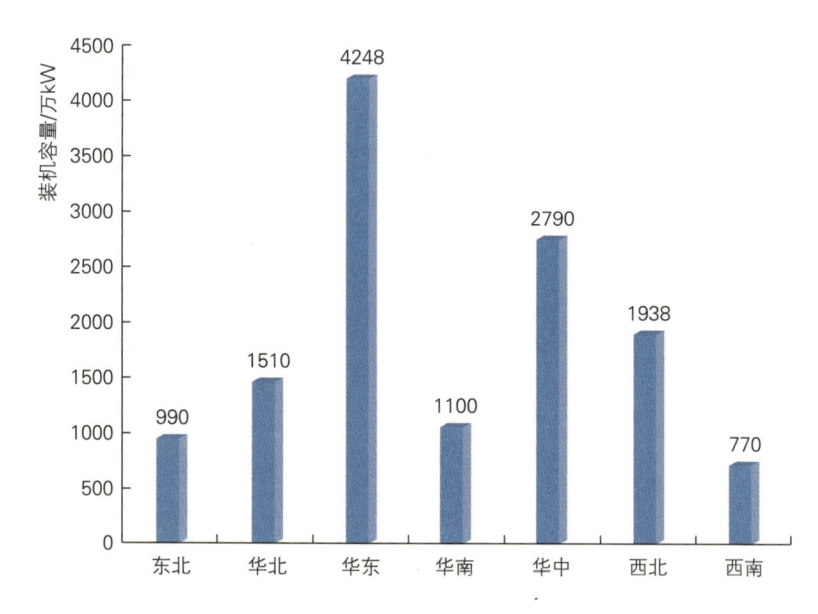

图 4.1　截至 2024 年年底中国抽水蓄能机组项目装机容量及分布情况

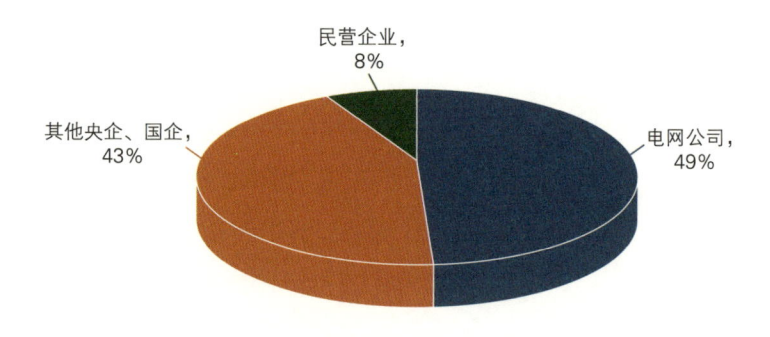

图 4.2　截至 2024 年年底中国抽水蓄能电站在建项目开发建设主体占比

4.2.3　工程建设特点

抽水蓄能电站水库大坝以当地材料坝为主，高坝占比 72.1%，100m 级高坝占比逐年增加。抽水蓄能电站主要采用地下厂房，少量项目采用半地下厂房和地面厂房，输水隧洞衬砌以混凝土、钢衬为主。机组呈现高水头、大单机容量趋势，单机容量 30 万 kW、35 万 kW 级合计占比近 80%。

西部强震区域建设抽水蓄能电站面临挑战

西部部分抽水蓄能电站场址区存在活断层，面临着超高地震动参数。某抽水蓄能电站的下水库坝址距离活动断层不足 1km，大坝校核地震基岩水平动峰值加速度达 $0.9g$。无论是超近距离下地震动参数确定，还是超强地震作用下大坝坝体非线性、大变形地震动响应模拟，均是巨大技术挑战。针对强震区工程面临地震风险，可行性研究阶段除应进行大坝抗震稳定、应力及变形分析并满足规范要求外，尚应进行溃坝风险评估和溃坝洪水影响范围分析，为项目决策提供技术支撑和风险评价。

库盆防渗结构和体系多元化

干旱或缺水地区拟建抽水蓄能电站项目数量不断增加，全库盆防渗应用日趋增多，库盆防渗技术近年来趋于成熟。防渗形式包含沥青混凝土面板全库盆防渗、钢筋混凝土面板全库盆防渗、沥青混凝土面板或钢筋混凝土面板与库底土工膜组合防渗等，库盆防渗形式呈现多元化发展。其中，沥青混凝土防渗面板优异的整体防渗可靠性、低温抗冻断性能及全机械化施工更适应高寒地区需求。

抽水蓄能电站建设工期缩短趋势明显

在确保安全和质量的前提下，在建抽水蓄能电站在加快施工进度方面进行了大量的有益尝试和实践。通过采用优化设计、项目建设时序、工序衔接、资源配置等先进的建设管理理念以及智能施工机械应用、新增施工通道、加强通风排烟等先进措施，项目的总体施工进度明显提升，缩短工程总工期。地质条件较好的项目较以往同类项目开挖工期缩短 4~7 个月，如南宁抽水蓄能项目厂房洞室开挖仅 17 个月，梅州二期、浪江、鲁山 3 个抽水蓄能项目厂房洞室开挖仅 18 个月。

大直径、可变径斜井 TBM 技术首次试点应用

湖南平江抽水蓄能电站引水隧洞开挖首次采用大直径、可变径斜井 TBM（全断面隧道硬岩掘进机）施工，设备全长 97m，隧洞最大坡度 50°，开挖直径 6.5~8m；采用 TBM 无损变径、空间小转弯技术，首次顺利实现了单台 TBM 在引水系统隧洞开挖过程中的大幅度变径、隧洞掘进中由平转斜、斜转平，解决了 TBM 设备与常规引水系统隧洞布置的适应性问题，进一步提高抽水蓄能电站施工机械化水平、降低地下工程施工安全风险效果明显。

电动卡车及换电站助力大坝填筑高效绿色施工

潍坊抽水蓄能电站大坝填筑配备具有高扭矩、快速响应等特点的纯电卡车，运输效率高，实现大坝月高峰填筑强度 112 万 m^3；南宁抽水蓄能电站大坝填筑启用全国首个抽水蓄能电动重卡换电站，电动重卡依靠换电站机械吊臂自动更换满电的电池，整个换电过程仅需 3~5min，较以往燃油重卡更高效和环保。

机组呈现高水头、大单机容量趋势

抽水蓄能电站的额定水头多在 400～600m 之间，个别项目超过 700m。目前，机组主流单机容量为 30 万 kW、35 万 kW，占比近 80%；浙江天台抽水蓄能电站单机容量 42.5 万 kW 机组（额定水头 724m）进入现场安装高峰期，中国持续积累 40 万 kW 级高端抽水蓄能装备的成功运用经验。

变速机组国产化步伐加快

变速机组技术应用初显成效，中国首批变速机组全面投产。2024 年 12 月 31 日，中国第二台变速机组河北丰宁抽水蓄能电站 11 号机组完成 15 天试运行；丰宁两台变速机组均已投产，标志着变速机组的推广应用初见成效。目前在建项目中共有 4 台全国产化变速机组，分别为广东惠州中洞抽水蓄能电站的 1 台 40 万 kW 机组、广东肇庆浪江抽水蓄能电站 1 台 30 万 kW 机组、山东泰安二期抽水蓄能电站的 2 台 30 万 kW 机组，其中广东惠州中洞抽水蓄能电站、广东肇庆浪江抽水蓄能电站变速机组均进入"首台套"名单。

4.2.4 重大典型项目

抽水蓄能在建典型项目见专栏 4.2。

专栏 4.2　　　　　抽水蓄能在建典型项目

全球海拔最高、四川装机规模最大的抽水蓄能电站开工建设

四川道孚抽水蓄能电站位于甘孜藏族自治州道孚县，场址海拔 4300m，总装机容量 210 万 kW，是四川省装机规模最大、全球海拔最高、雅砻江流域水风光一体化基地的标志性项目，于 2024 年 1 月 11 日正式开工建设，计划 2035 年投产发电。

中国首台国产化超大容量变速机组进入安装阶段

2024 年 11 月 11 日，广东惠州中洞抽水蓄能工程地下厂房开挖完成，中国首台 40 万 kW 变速抽水蓄能机组同步启动现场安装，推动重大能源技术装备的迭代升级。电站厂房采用中部开发方式，引水及尾水系统均采用"1 洞 3 机"布置，引水主洞采用三级斜井方案，首台机组计划于 2026 年投产发电。

华东地区装机容量最大、全民资投资、下水库利用富春江水库的抽水蓄能电站开工建设

浙江建德抽水蓄能电站装机容量 240 万 kW，是华东地区装机规模最大的抽水蓄能电站，具有水头高、装机规模大的特点，临近富春江电站库区，由民营企业投资建设。2024 年 11 月主体工程开工建设，首台机组计划于 2029 年 9 月投产发电。

4.2.5 工程建设质量

工程质量管理总体规范，实体质量稳步提升

2024 年抽水蓄能电站进入开工建设和集中投产阶段，各参建单位集中专业力量助力抽水蓄能建设快速发展。各级能源主管部门及质量监督机构采用抽查、专项检查和阶段检查等方式保障各项目建设质量总体稳定。设计单位依据国家标准和行业规定，确保设计方案科学合理，安全可靠；选用符合国家或行业标准的优质建筑材料，如高性能混凝土、高强度钢材等，确保工程结构安全性和耐久性。施工单位采用先进的施工技术和方法，比如地下连续墙、TBM 施工等，在提升施工效率的同时也有利于提高工程质量。

现场技术力量进一步摊薄、施工进度加快对施工质量管控提出更高要求

项目建设需实施全过程、全方位的质量管理，从原材料进场检验到施工过程中的每一道工序，再到最终验收，都有严格的质量控制程序和标准。部分抽水蓄能电站利用信息化技术对工程进行实时监测和数据分析，及时发现并处理问题，保障工程建设质量，如数字大坝技术的应用等。但部分项目参建单位对抽水蓄能电站认识不足、缺乏建设经验，或更多的抽水蓄能电站集中进入主体工程施工导致现场技术力量进一步摊薄，以及建设工期缩短等因素，给部分抽水蓄能电站的建设带来困难和挑战，对施工质量的管控提出更高要求。

4.3 风电

4.3.1 建设总体情况

2024 年，中国风电新增装机规模稳步增长，新增装机容量创历史新高，共 7982 万 kW，其中陆上风电新增装机容量 7578 万 kW，海上风电新增装机容量 404 万 kW。

4.3.2 开发建设主体

陆上风电项目开发建设主体多元化。2024 年，中国新增装机的陆上风电项目投资主体特点突出，主要表现为：一是央企主导地位突出，以"五大六小"发电集团为代表的央企在陆上风电项目开发中占据主导地位；二是地方国企发挥自身优势，积极参与项目开发；三是风电机组主机厂商利用其产业优势，积极参与风电项目开发。

央企、国企是海上风电项目开发建设主力军。2024年新增装机的海上风电项目均为央企、国企开发建设。短期内央企、国企仍是海上风电投资的核心主体，民营企业逐步通过合作参与市场。

4.3.3 工程建设特点

风电机组单机容量实现大幅提升

2024年，陆上风电项目10MW风电机组批量应用，15MW风电机组在吉林通榆成功吊装。陆上风电项目风电机组单机容量由6~8MW提升至10~15MW，实现大幅提升。2024年6月，中国自主研制的18MW半直驱海上风电机组在广东省汕头市风电临海试验基地顺利并网发电，再次刷新已并网风电机组单机容量最大的世界纪录。

陆上风电机组钢混塔筒技术水平进一步提高

中国钢混塔筒发展多年，技术不断积累与验证。2024年全国钢混塔筒项目中，混凝土塔筒多采用C80以上的高性能混凝土。2024年12月，C150超高性能混凝土在某陆上风电项目上成功应用，该技术提升了混凝土塔筒的承载能力和抗疲劳性能，同时减轻塔筒结构重量。

陆上风电"以大代小"改造工程有序推进

2024年陆上风电"以大代小"改造在政策支持、技术进步和市场需求的共同推动下，取得了显著成效。陆上风电通过"以大代小"改造后，单机容量从1.5MW提升至5MW以上，土地利用效率明显提高，改造后的风电场经济效益显著提升。

中国首座330kV海上升压站投运

2024年，广东阳江青洲六海上风电项目配套建设的330kV海上升压站成功受电。该项目首次采用330kV电压等级的海上升压站，建立了一套较完善的大型海上升压站浮托施工全过程的技术方案和管理体系，为深远海风力发电建设提供新的解决方案。

4.3.4 重大典型项目

2024年，陆上风电机组单机容量刷新纪录，风电机组吊装设备大型化，风电机组安装能力不断提升。海南省首批海上风电项目开工建设，广东省第一个吉瓦级海上风电项目成功并网，全球单体容量最大的漂浮式风电平台投运。风电典型项目见专栏 4.3。

专栏 4.3　　　　　风 电 典 型 项 目

15MW 陆上风电机组试运行

2024 年 10 月 8 日，三一重能研制的陆上 15MW 风电机组 SI-270150 在吉林通榆成功吊装，刷新陆上机组的最大单机容量、最大叶轮直径两项纪录。11 月 16 日，SI-270150 风电机组实现满功率运行，为世界陆上风电大型化发展树立新样板。

12.5MW 陆上风电机组批量应用

2024 年 12 月，远景内蒙古自治区鄂尔多斯零碳产业园 500MW 风光储一体化示范项目 12.5MW 陆上风电机组顺利安装完成，风电机组塔筒总高 190m，是目前全球陆地混塔最高的风电机组。该项目吊装施工采用全球最大吨位的地面起重机——徐工集团的 XCA4000。

海南首个海上风电项目投运

2024 年 6 月，海南 CZ2、CZ3 海上风电项目开工建设，两个项目装机总容量 240 万 kW，标志着海南省海上风力发电工程实现零的突破。

首座 330kV 海上升压站投运

项目装机容量 100 万 kW，安装 74 台单机容量 13.6MW 风电机组，配套建设一座 330kV 海上升压站，其上部组块采用高位浮托安装技术，这是华南地区首次应用该技术，显著提升了施工效率和安全性。

16.6MW 漂浮式海上风电示范项目投运

"明阳天成号"是全球单体容量最大的漂浮式风电平台，于 2024 年 12 月投运。该平台搭载两台 8.3MW 海上风电机组，总装机容量达到 16.6MW。其叶轮最高处达 219m，空中最大宽度约为 369m，整座风电平台排水总量约 1.5 万 t。

4.3.5　工程建设质量

风电工程建设质量水平总体稳步提升

一是国家对风电行业发展高度重视和支持，风电行业相关标准规范逐步完善，包括设备制造、施工安装、验收等，提高了风电工程的建设质量要求。二是风电技术不断创新与发展，大型化风电机组的应用和数字化智能化技术的推广，实现各环节的高效协同和沟通，提高了质量管控效率和精准度。

部分风电工程建设质量问题应引起重视

风电机组大型化、迭代速度过快，机型运行验证不足、工期紧张加剧、施工自然环境越来越复杂等多种因素综合导致部分项目仍存在土建施工、设备安装不规范等问题，导致风电机组运行效率下降或故障率上升。主要体现在：一是在施工环节，部分项目存在施工精度不足、材料使用不规范、施工安全措施不到位等问题，影响了工程的整体质量，甚至造成质量安全事故；二是在设备制造环节，部分风电机组在运行中出现部件失效、叶片开裂等问题，暴露出设备制造和安装过程中的质量控制不足；三是在运维管理方面，部分风电场的运维管理不到位，未能及时发现和处理设备故障，导致风电机组停机时间延长，影响了发电效率。

4.4 太阳能发电

4.4.1 建设总体情况

太阳能发电新增投产容量再创新高

2024年，太阳能发电新增装机容量同比增长28%，其中集中式光伏1.59亿kW，分布式光伏1.18亿kW，光热41万kW。

新疆、内蒙古集中式光伏新增装机容量超2000万kW

截至2024年年底，集中式光伏新增装机容量中，新疆2659万kW，内蒙古2321.3万kW，云南1495.3万kW，河北1270.5万kW，青海1083.5万kW，山东999.1万kW，合计占比61.7%。其中，新疆、内蒙古、青海集中式光伏装机量快速增长得益于大型风光基地建设的大力推进，云南集中式光伏装机量快速增长得益于地处低纬度高原地区，山地面积占全省总面积的88.6%，光照强度高于全国平均水平，为光伏电站的建设创造了有利条件。

江苏、浙江、广东分布式光伏新增装机超1000万kW

截至2024年年底，分布式光伏新增装机中，江苏1797.4万kW，浙江1204万kW，广东1116万kW，安徽932万kW，山东922万kW，合计占比50.5%。分布式光伏在上述地区的增长，得益于地区人口密集、产业发达、农业资源丰富、城镇化率较高、配网消纳能力强。

光热新增装机为近年最多，在建项目分布在西部四省和吉林

2024年，中国3个"光热＋"项目中的光热部分投产发电，新增光热装机25万kW，为近年最多；在建光热项目共24个，其中新疆12个、

青海 5 个、甘肃 4 个、西藏 1 个、吉林 2 个，总装机容量 245 万 kW。
2017—2024 年中国光热累计装机容量统计如图 4.3 所示。

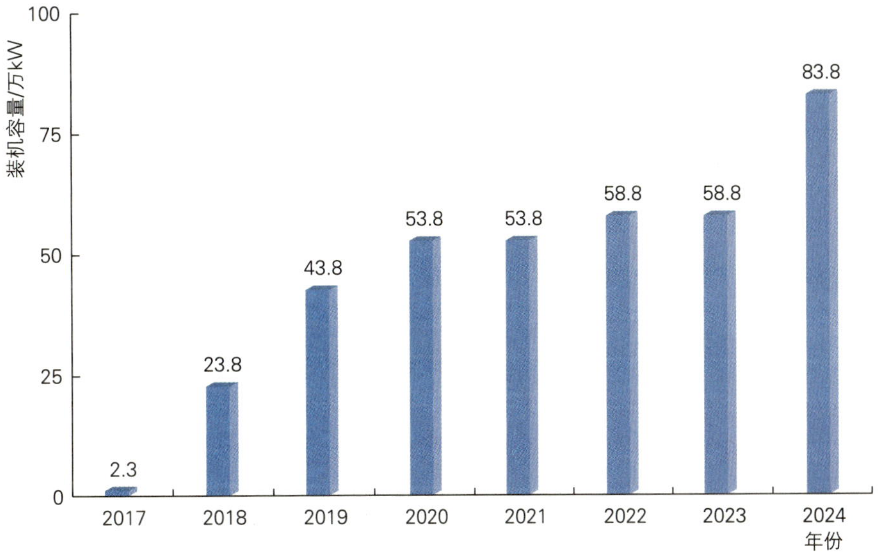

图 4.3　2017—2024 年中国光热累计装机容量统计

4.4.2　开发建设主体

央企是集中式光伏开发建设的主力军

2024 年，中国集中式光伏新增并网项目的建设主体主要为央企。其中，中国华能集团有限公司、中国大唐集团有限公司、中国华电集团有限公司、国家电力投资集团有限公司、中国长江三峡集团有限公司、国家能源集团有限责任公司、国家开发投资集团有限公司、华润（集团）有限公司、中国广核集团有限责任公司等央企共计新增约 8789 万 kW。

在建光热项目央企投资占 8 成以上

中国三峡新能源（集团）股份有限公司、中国广核集团有限责任公司等央企占比约 87.50%，地方国企占比约 3.57%，民营企业占比约 8.93%。截至 2024 年年底中国在建光热项目开发建设主体占比如图 4.4 所示。

地方国企,
3.57%　民营企业,
　　　　8.93%

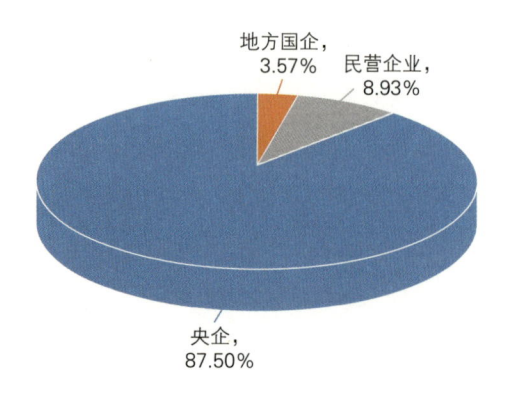

央企,
87.50%

图 4.4　截至 2024 年年底中国在建光热项目开发建设主体占比

4.4.3　工程建设特点

光伏组件进入大尺寸、高功率时代，N 型组件已占主导地位

2024 年中国开工建设的集中式光伏项目，光伏组件容量规格总体在 545～680Wp 之间，主要规格集中在 585～650Wp，占光伏组件总容量的 50% 以上。提高转换效率与发电功率、降低生产成本是决定未来电池技术发展路线的关键因素。随着 PERC 电池转换效率已接近理论极限值，电池厂商陆续增加对新电池技术的投入。N 型技术因其理论效率极限更高、双面率高、弱光效应好等多重优势快速发展，2024 年 N 型 TOPCon 组件功率最高达 712W，N 型 TOPCon 电池占比超 60%。

组串式逆变器单台额定功率逐步增大

2024 年中国开工建设的集中式光伏项目中，光伏逆变器以组串式为主流类型，装机容量占比 80% 以上，组串式逆变器单台功率主要为 300kW、320kW 两种。

固定式光伏支架型式占绝对主导地位，以柔性支架为主的其他型式光伏支架应用场景逐步提高

2024 年中国开工建设的集中式光伏项目中，绝大部分项目仍采用固定支架（包括固定可调），从供货容量分析，固定式光伏支架（包括固定可调）占比 95% 以上。随着"光伏＋"复合项目的开发趋势愈发明显，柔性支架具备高效土地复合利用的特性，应用场景逐渐广泛；漂浮式支架已逐步在采煤沉陷区应用。

光热项目聚光形式以塔式为主、设计储热时长主要为 8h

截至 2024 年年底，中国在建的 24 个光热项目中，按装机容量，塔式约占 83.67%；设计储热时长介于 6～16h，其中时长为 8h 的占比 62.5%；定日镜为非标准化产品，根据项目特点定制化生产，应用较多的单个定日镜规格为 30～50m²。截至 2024 年年底中国在建光热项目聚光形式占比如图 4.5 所示。

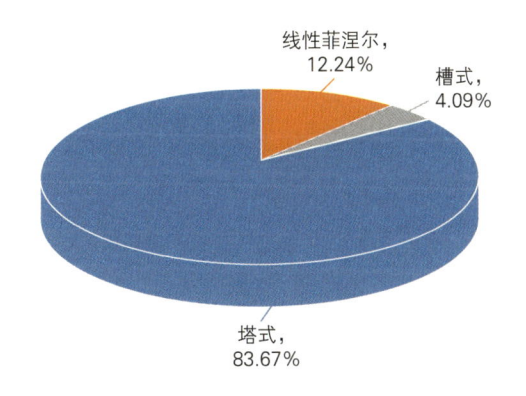

图 4.5 截至 2024 年年底中国在建光热项目聚光形式占比

4.4.4 重大典型项目

太阳能项目典型项目见专栏 4.4。

专栏 4.4　　　　　太阳能项目典型项目

全球最高海拔光伏项目并网投产
华电才朋 100MW 保障性并网光伏项目位于海拔 4994～5100m 的西藏自治区山南市，装机规模 100MW，占地面积约 1600 亩（1 亩≈666.7m²），设计年平均发电量 0.9 亿 kW·h。

中国最大"渔光互补"项目并网投产
海塘"绿港氢城"光伏电站项目位于河北省沧州市，装机规模 109 万 kW，共 363 个方阵，采用 231 万块 N 型单晶硅光伏组件。

中国单体规模最大"沙戈荒"（沙漠、戈壁、荒漠）光伏电站并网投产
中绿电若羌光伏项目位于新疆维吾尔自治区巴音郭楞蒙古自治州，装机规模 4000MW，项目占地约 76km²，预计每年发电 69 亿 kW·h。

中国首个百万千瓦级海上光伏项目首批并网投产
垦利 100 万 kW 海上光伏项目位于山东省东营市，装机规模 1000MW，项目用海面积约 1223hm²，首批已经建成 300 个光伏平台并网投产。

> **全球装机容量最大的熔盐"线性菲涅尔"新能源光热电站建成投产**
> 玉门 10 万 kW 光热电站位于甘肃省玉门市花海镇的戈壁滩上。项目利用太阳能集热的面积达到 130 万 m²，使用熔盐作为吸收和储藏太阳能热量的介质，配置了 8h 熔盐储热系统，是全球第二座商用线性菲涅尔光热电站。
>
> **中国单体规模最大塔式光热项目建设有序推进**
> 中广核德令哈 200MW 塔式光热发电项目位于有着"中国光热之都"美誉的青海省德令哈市，海拔达 3000m，是中国储能配比率最高的光热储多能互补项目，镜场选用 30m² 的四边形定日镜，采用二元熔盐为储热介质。

4.4.5 工程建设质量

光伏电站整体建设质量水平不断提高

2024 年，随着以"沙戈荒"地区为重点的大型光伏基地项目的投产发电，集中式光伏电站的整体建设质量水平不断提高。

海上光伏和柔性支架面临挑战

潮间带地质条件复杂，近海区域风浪较大、环境腐蚀性强，潮间带或近海光伏项目需重视和关注桩基规格选择的准确性、材料的防腐形式和结构的抗风性能等关键风险点；柔性支架方面，从标准编制、结构设计到制造安装的全链条质量管理体系尚需完善。

4.5 生物质能

4.5.1 建设总体情况

生物质发电项目在建规模同比下降

2024 年，中国在建规模以上农林废弃物生物质发电项目 9 个，同比减少 73.5%，下降幅度较大。2024 年，中国垃圾焚烧发电项目特许经营开标项目 20 个，总垃圾处理量 8780t/天，同比减少 73.82%。垃圾焚烧发电新增项目数量与规模逐渐减少。

生物质能非电利用方式日益多元化

2024 年，生物天然气行业在可再生能源替代行动、农村能源革命试点县建设、绿证核发与市场化相关政策支持，以及技术创新和市场需求的推动下，展现出良好的发展态势。生物质能非电利用方式不断拓展，涵盖生物质热能、生物天然气、生物甲醇、生物柴油和生物航煤等多种形式。

4.5.2 开发建设主体

生物质能投资主体呈现多元化

上市公司是生物质能项目的重要开发建设主体，其中国企和地方投资平台在大型示范项目和基础设施建设方面发挥着重要作用，民营企业在垃圾填埋气发电和小型生物质能项目表现活跃。

垃圾焚烧发电企业出海投资取得了显著进展

2024年，中国垃圾焚烧发电企业在海外市场取得了显著进展，特别是在东南亚地区，如越南、泰国、印度尼西亚等国家，通过投资、建设和运营垃圾焚烧发电项目，与当地企业展开了广泛合作，核心设备和技术输出成为亮点。

4.5.3 工程建设特点

垃圾焚烧发电工程小型化

垃圾焚烧行业政策更加关注县级地区，生活垃圾无害化处理的主战场向县级地区转移。2024年单个垃圾焚烧项目的规模继续变小，除"湖北鄂州"模式生活垃圾焚烧发电项目（1200t/天）外，其余项目均在1000t/天以下，其中100~400t/天项目14个，占比70%。

生物质非电利用逐渐成为主要模式

生物质利用正从传统发电向多元化非电应用转型，逐渐成为主要模式。燃料乙醇、生物柴油等能源化利用稳步推进，年产量超400万t；成型燃料供热在工业领域替代燃煤规模持续扩大；沼气工程与生物天然气加速发展，年产量突破30亿m^3。此外，生物基材料（如PLA、PHA）和化学品（糠醛、木糖醇）产业快速扩张，技术突破推动高值化利用。未来需强化产业链协同，完善市场化机制，以进一步释放非电领域的减碳与经济效益潜力。

4.5.4 重大典型项目

生物质能典型项目见专栏4.5。

> **专栏 4.5　　　　　　生物质能典型项目**
>
> **生物质废弃物制甲醇项目**
>
> 　　2024 年 12 月 30 日，上海金山现代农业园区光明种奶牛场生物质废弃物资源化利用项目动土开工。该项目以牛粪污和农业废弃物为原料，通过厌氧发酵和沼气提纯技术生产生物天然气，预计年产生物天然气约 175 万 m³，并用于绿色甲醇产能项目。
>
> **生活垃圾制氢项目**
>
> 　　2024 年 2 月 25 日，全国首个生活垃圾制氢项目——广东省佛山市南海区生活垃圾资源化项目已在南海区狮山镇开工，项目采用"生活垃圾低温绝氧热解碳化-气化制氢工艺技术"，建成后可日处理生活垃圾 500t/天，年产气 7300 万标准立方米（项目内不储氢，日产日清）及副产品液体二氧化碳 8 万 t、硫磺 0.01333 万 t。

4.5.5　工程建设质量

生物质项目建设质量管理稳步提升

生物质项目普遍强化了技术质量管理体系的建设，通过制定和完善质量管理规程、流程文件及操作标准，实现了全流程的规范化管理，以确保每个环节有据可依。海南琼海生活垃圾焚烧发电厂扩建项目、河南省郑州（南部）环保能源工程、湖南益阳西部片区生活垃圾焚烧发电厂工程荣获"国家优质工程奖"。

生物质项目技术体系更加完善

《基于项目的温室气体减排量评估技术规范　生物质发电及热电联产项目》（GB/T 45149—2025）于 2015 年 1 月开始实施，《生物质发电工程质量管理规程》通过了审查，《生物质发电工程质量监督检查大纲》正在征求意见。这些标准的实施为规范项目开发、提升项目质量和推动行业高质量发展奠定了坚实基础，同时也为实现国家碳达峰碳中和目标提供了重要技术支撑。

4.6　新型储能

4.6.1　建设总体情况

2024 年，中国新型储能装机规模快速增长，达到 4237 万 kW/9313 万 kW·h，全国已建成投运新型储能项目累计装机规模达 7376 万 kW/1.68 亿 kW·h，累计装机规模排名前 5 位的省份分别为内蒙古（1023 万 kW/2439 万 kW·h）、新疆（857 万 kW/2871 万 kW·h）、山东（717 万 kW/1555 万 kW·h）、江苏（562 万 kW/1195 万 kW·h）和宁夏（443 万

kW/882万kW·h）。内蒙古是全国首个新型储能功率规模突破1000万kW的省份。内蒙古、新疆分列功率规模、能量规模第一。2024年中国新型储能累计装机规模排名前5位省份的装机情况如图4.6所示。

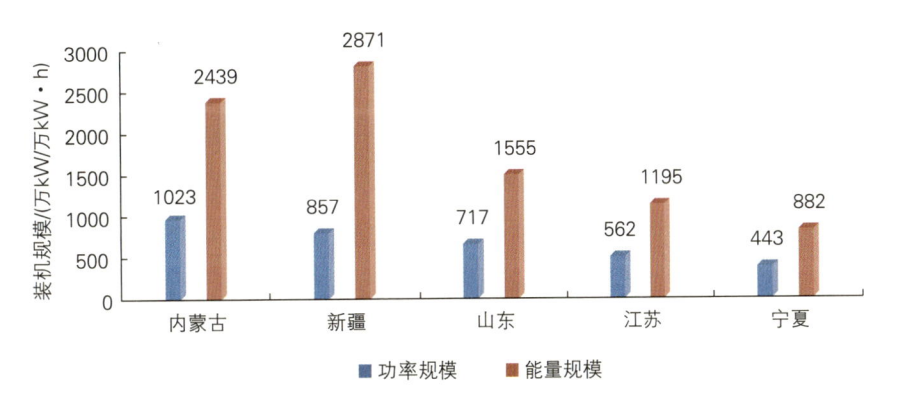

图4.6　2024年中国新型储能累计装机规模排名前5位省份的装机情况

4.6.2　开发建设主体

中国新型储能电站开发建设主体呈多元化态势，国企投资主体约占57%，民营企业投资主体约占43%。国企以可再生能源开发建设单位为主，满足可再生能源项目建设配置储能的要求。民营企业多布局于电池制造和系统集成领域，并凭借技术优势在投资中表现突出。

4.6.3　工程建设特点

新型储能电站逐步呈现集中式、大型化趋势

中国新型储能电站主要集中在电源侧、电网侧，占比超90%，电源侧储能以新能源配套储能为主；功率规模10万kW及以上项目占比62.3%，较2023年提高约10%；储能时长4h及以上项目占比15.4%，较2023年提高约3%。锂离子电池储能仍占据主导地位，占比约96%。其他非锂离子储能技术路线应用进展稳定，液流电池储能已有百兆瓦级示范项目并网，飞轮储能已有30MW独立储能电站投运。

电化学储能电站消防安全技术逐步完善

锂离子储能电站电池消防策略从簇级升级到Pack级，电池冷却技术液冷代替风冷，气体灭火介质从七氟丙烷过渡到全氟己酮，探索应用阻抗谱等消防早期预警技术，配置压缩空气泡沫等持续抑制防复燃手段，进一步提升了电站消防安全水平。

电化学储能系统技术不断升级

新型储能装机规模的持续快速增长离不开储能系统技术本身的技术升级。电芯容量逐步提升，主流产品已从 280A·h 增大至 314A·h。储能单元 PCS（储能变流器）直流侧额定电压由 1000V 升高至 1500V。高压级联集成技术储能单元容量大，无须升压变压器提升系统运行效率。构网型储能技术可有效改善新型电力系统短路容量和转动惯量缺失问题，在新疆、西藏等地区应用较多。

压缩空气储能规模化应用趋势显现

2024 年，新开工压缩空气储能项目共 7 个，装机容量共 2910MW/12000MW·h，共 6 台 300MW、3 台 350MW 和 1 台 60MW 膨胀发电机组；设计储能时长最高为 16h，设计释能时长最高为 10h，系统设计效率超 70%；300MW、350MW 机组采用盐穴储气库 4 个（最大设计有效容积 120 万 m^3、最高设计压力 19.1MPa）、洞室储气库 2 个（最大设计有效容积 21.5 万 m^3、最高设计压力 18MPa）。60MW 液态空气储能项目通过低温空气液化和蓄冷技术，解决空气存储和恒压释放问题，可实现大规模长时储能。

4.6.4 重大典型项目

2024 年，中国新型储能逐步规模化应用，技术呈多元化发展。国家能源局 2024 年发布新型储能试点示范项目名单，共 56 个，锂离子电池储能项目有 17 个，占比逾 30%；压缩空气储能项目 11 个，占比近 20%；液流电池储能项目 8 个，占比超 14%，引导了新型储能多元化高质量发展情况。部分省份出台政策支持新型储能高质量发展，新型储能调度运用水平持续提升，2024 年新型储能等效利用小时数约 1000h，有力支撑新型电力系统建设。新型储能项目典型项目见专栏 4.6。

专栏 4.6　　　　新型储能项目典型项目

全国单体规模最大的构网型储能项目——新华乌什 50 万 kW/200 万 kW·h 构网型储能项目

新华乌什 50 万 kW/200 万 kW·h 构网型储能项目，采用 25 万 kW/100 万 kW·h 的全钒液流电池和 25 万 kW/100 万 kW·h 的磷酸铁锂电池两种储能电池，储能时长 4h，全站充电 1 次可储存 200 万 kW·h 电量，能满足约 30 万户家庭 1 天的用电需求。

> **全球海拔最高、规模最大的高压直挂储能系统——华能海南州 150MW/600MW·h 储能项目**
>
> 华能海南州 150MW/600MW·h 储能项目,采用 35kV 高压直挂储能技术,单机容量达 25MW/100MW·h,充电一次可储存 60 万 kW·h 电量,具有单机容量大、交直流并联数量少、通讯层级少等特点,无需工频变压器,在提升电池容量利用率、降低电池并联安全风险的基础上,系统效率提升 4%～6%,可实现 10ms 内快速响应。
>
> **350MW 非补燃式压缩空气储能机组开工建设**
>
> 华能金坛盐穴压缩空气储能发电二期项目位于江苏省常州市金坛区,建设两套 350MW 非补燃式压缩空气储能机组,储能 8h,发电 4h,能量转化效率将超 70%,一次充电可储存 280 万 kW·h 电量。

4.6.5 工程建设质量

电化学储能电站建设质量稳步提升

困扰电化学储能电站的消防问题随着标准体系的不断健全、消防安全技术的不断发展得到一定程度的改善,部分省份针对电化学储能电站出台消防设计审查验收技术指南,消防设计审查验收工作不断规范。新的电力储能用锂离子电池标准对电池热失控性能要求更为严格,电池制造生产本质安全水平不断提升。电站多采用预制舱型式建设,在厂家预制装配集成,现场施工工艺相对成熟。已有获得国家级优质工程奖项的独立新型储能电站项目。

电化学储能系统集成标准化水平有待提升

储能系统的集成优化是影响储能系统性能的重要环节,相比储能电芯制造厂商,系统集成企业技术门槛较低,在电池管理系统、能量管理系统方面的标准化程度不高,导致不同厂商、不同项目之间可能存在标准不一致的问题,增加了储能电站调试运维难度,进而影响电站的运营效益。

压缩空气储能电站建设质量总体可控

随着高精度地质勘探、技术路线逐渐成熟、系统效率优化提升、核心设备国产化、有效质量管控,确保了压缩空气储能电站建设质量总体可控。但盐穴储气库施工仍面临挑战,盐穴地质结构复杂,多夹层结构、沉渣空隙地质区域问题突出，对于一些深埋盐穴传统物探方法难以精准探测其内部细微结构，精确物探及测腔确定靶点成为核心问题；盐穴的密封性和长期稳定性也是需要关注的重点，需研发有效的密封技术和监测手段，确保盐穴在长期运行过程中不发生泄漏。

5 利 用

5.1 可再生能源利用总体情况

可再生能源发电量占比稳步提升

2024年全国可再生能源发电量3.47万亿kW·h，同比增长17.3%，占全口径发电量的35.0%，超过中国第三产业用电量与城乡居民生活用电量之和；全国可再生能源发电量新增5166亿kW·h，占全国新增发电量的82.8%，在保障能源安全供应、支撑能源绿色低碳转型的作用日益凸显，同时也为全球能源清洁化发展提供了重要动力。

新能源参与市场化交易逐步推进

2024年，全国市场化交易电量达6.2万亿kW·h，占全社会用电量的比例由2016年的17%提升至63%。国家电网和南方电网经营区域内新能源市场化交易电量8631亿kW·h，占新能源发电量的比重约47%。全国绿证绿电交易合计电量4460亿kW·h，同比增长364%，约1/4的新能源电力通过绿证绿电市场实现了环境价值。

5.2 常规水电和抽水蓄能

2024年，中国水电年发电量 14239 亿 kW·h

2024年，中国水电年平均利用小时数 3349 h

水电年发电量14239亿kW·h，同比增长10.5%

2024年，中国水电年发电量14239亿kW·h，同比增长10.5%，占全部电源总年发电量的14.4%，较2023年增加0.6个百分点。分省份来看，四川、云南作为中国水电大省，水电发电量总量高、在电源结构中占比高，2024年四川、云南两省水电年发电量分别为4045亿kW·h、3304亿kW·h，占全国水电年发电量的28.4%、23.2%，在本省总年发电量中占比均超过70%；湖北1306亿kW·h、贵州617亿kW·h、广西615亿kW·h分别位列全国水电年发电量的第3～5位。前述五省（自治区）水电年发电量合计9887亿kW·h，占全国水电年发电量的69.4%。2015—2024年中国水电年发电量及占比变化趋势如图5.1所示。

水电年平均利用小时数3349h，较2023年显著提升

2024年，中国水电（6000kW及以上）年平均利用小时数3349h，同比增长6.9%。分省份来看，广西、湖南、贵州年平均利用小时数增长较多，分别增长1058h、872h、771h，位居全国前3位。由于天然来水存在不确定性，水电年平均利用小时数具有一定波动性。2015—2024年中国水电年平均利用小时数统计如图5.2所示。

图 5.1　2015—2024 年中国水电年发电量及占比变化趋势

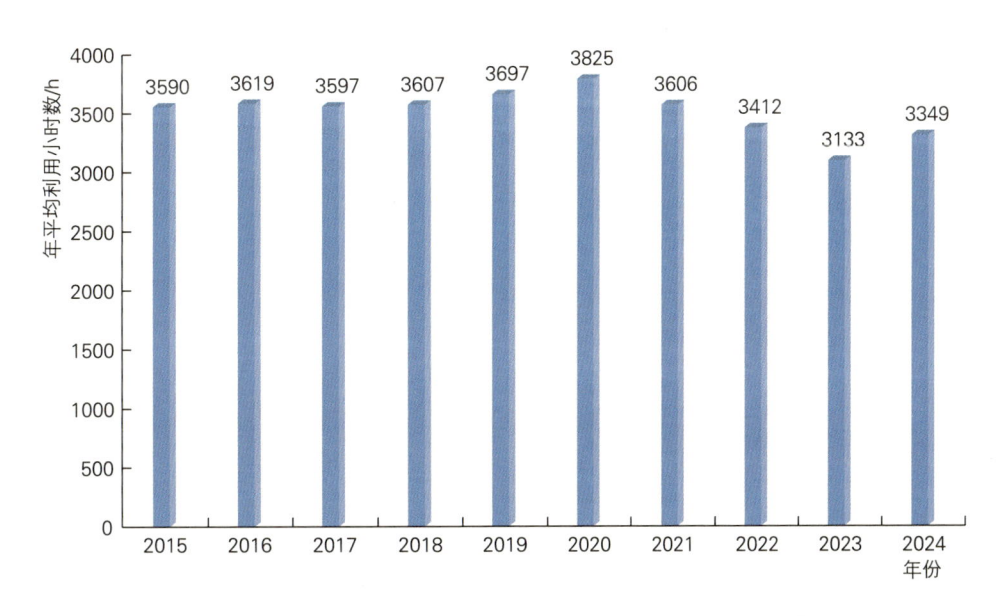

图 5.2　2015—2024 年中国水电年平均利用小时数统计

主要流域弃水电量虽小幅回升，但仍低于近 5 年平均值

2024 年主要流域水能利用率
98.32%

2024 年，纳入流域水电综合监测范围的 470 座水电站年总弃水电量 161.73 亿 kW·h，较 2023 年增加 82.33 亿 kW·h，较近 5 年平均值减少 69.49 亿 kW·h；有效水能利用率 98.32%，同比下降 0.76%，较近 5 年平均值提高 0.90%。与往年类似，2024 年弃水电量主要发生在四川，占全国监测电站年总弃水电量的 80%。为配合川渝 1000kV 特高压交流

工程汛期跨线施工，大渡河、雅砻江流域送出通道的输电线路陪停，造成弃水电量同比增长，其中大渡河年弃水电量 52.11 亿 kW·h，较 2023 年增加 16.67 亿 kW·h，占年总弃水电量的 32.2%；雅砻江年弃水电量 15.44 亿 kW·h，较 2023 年增加 12.68 亿 kW·h，占年总弃水电量的 9.5%。2016—2024 年中国监测水电站年弃水电量及年有效水能利用率变化趋势如图 5.3 所示。

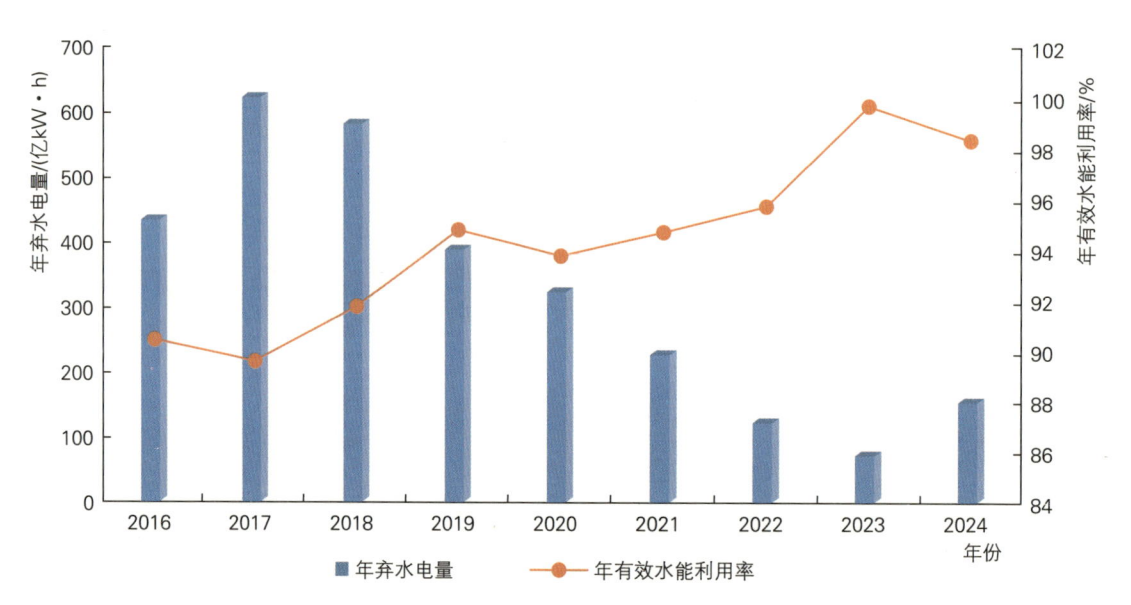

图 5.3　2016—2024 年中国监测水电站年弃水电量及年有效水能利用率变化趋势

迎峰度夏期间水电防洪保供双赢，保供能力大幅提升

2024 年夏季，全国多地发布高温红色预警，用电负荷持续攀升，电力需求快速增长。与此同时，全国主要流域洪水过程多发频发，面临防汛和电力保供双重压力。通过科学统筹流域梯级运行调度，在保障防洪安全的情况下，电力保供能力显著增强。迎峰度夏 6—8 月关键期，大渡河、雅砻江、长江干流上游等主要流域来水同比偏丰 5～8 成，全国水电全口径发电量 4737 亿 kW·h，同比增长 29.4%，较近 5 年同期最高值增长 13.6%，为迎峰度夏电力保供提供了坚实的保障。

2024 年汛期，长江干流发生 3 次编号洪水，长江上游控制性水电站通过拦洪、削峰、错峰等方式，共拦蓄洪水约 240 亿 m³，极大地减轻了长江中下游地区防洪压力，防洪减灾效益显著。拦蓄洪水期间，三峡水电站连续满负荷运行 27 天，长江上游监测水电站蓄能共增加约 540 亿 kW·h，有效保障了迎峰度夏期间电力供应，大幅提高了水电站发电能力，彰显了水电站在防洪、保供电中的突出作用。

抽水蓄能调度运行更加高效、有效地保障电力安全和新能源高质量发展

2024 年，中国抽水蓄能年发电量 657 亿 kW·h，同比增长 14.5%；年发电利用小时数 1217h，较 2023 年增加 40h。全年抽水启动台次同比增长 30%，发电启动台次同比增长 36%，参与调压台次大幅增加，部分地区抽水蓄能机组开始投入二次调频（AGC）运行，有效地保障了电力安全可靠供应和新能源大规模高质量跃升发展。分区域来看，华北、东北、西北区域午间抽水启动次数高于夜间，主要发挥新能源消纳作用，其中西北区域午间抽水启动次数占比达到 96%；华东、南方区域抽水蓄能主要发挥调峰作用，兼顾消纳清洁能源需求；华中区域全年顶峰保供和新能源消纳作用明显，抽水蓄能调相调压运行台次高于其他区域。

2024 年，中国抽水蓄能年发电量

657 亿 kW·h

年发电利用小时数

1217 h

5.3 风电

2024 年，中国风电发电量达

9968 亿 kW·h

风电发电量在电力供应结构中比重首次超过 10%

2024 年，中国风电发电量达 9968 亿 kW·h，同比增长 12.5%，占全部电源总年发电量的 10.1%，较 2023 年提高 0.6 个百分点。内蒙古、新疆、河北、山东、江苏、山西、甘肃、河南、云南、广东、辽宁、广西、黑龙江、吉林 14 省（自治区）风电年发电量超过 300 亿 kW·h，合计约占全国风电年发电量的 77.9%。其中，内蒙古、黑龙江、广西、西藏、吉林等省份风电年发电量在本省（自治区）总年发电量中的比例有较大提升，提升了 1.8~2.8 个百分点。广西、广东、山东等沿海省份积极推进海上风电建设，作为绿色电力保障、能源低碳转型的重要途径，风电年发电量在本省总年发电量中的比例呈不同幅度增长，分别提升 2.4 个、1.0 个和 0.5 个百分点。2015—2024 年中国风电年发电量及占比变化趋势如图 5.4 所示。

年平均利用小时数略有下降

2024 年，中国风电年平均利用小时数 2133h，较 2023 年降低 92h。华北、东北、华中、西北和华南地区风电年平均利用小时数同比均有所下降，风电年平均利用小时数下降较多的省份为西藏和甘肃，分别下降 1826h、401h。10 个省（自治区、直辖市）受益于年均

2024 年，中国风电年平均利用小时数

2133 h

风速的增长，风电年平均利用小时数同比有所增长，北京、福建、浙江年平均利用小时数增长较多，分别增长 604h、273h、249h，分列全国前 3 位；在风电年平均利用小时数较高的省份中，福建 3152h、浙江 2575h、江苏 2438h，位居全国前 3 位。2015—2024 年中国风电年平均利用小时数统计如图 5.5 所示。

图 5.4　2015—2024 年中国风电年发电量及占比变化趋势

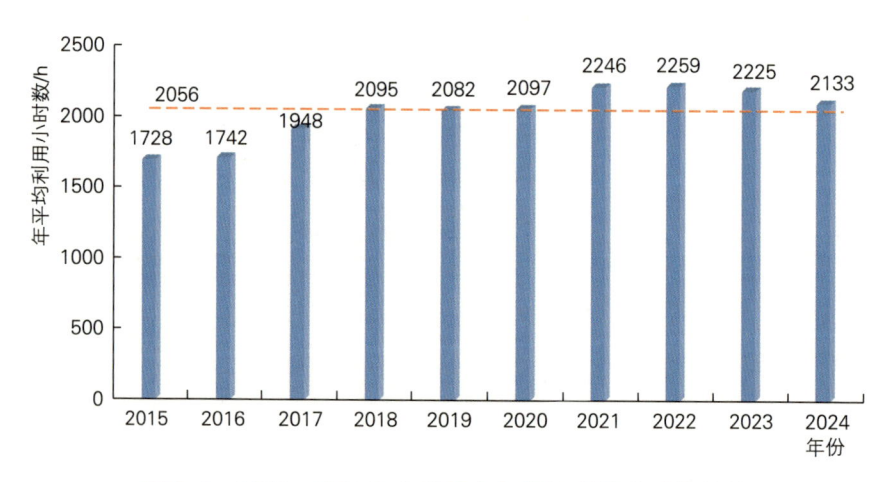

图 5.5　2015—2024 年中国风电年平均利用小时数统计

利用率较 2023 年略有下降

2024 年，中国风电年平均利用率 95.9%，较 2023 年下降 1.4 个百分点。"三北"地区新能源装机规模增长较快，在电力总装机容量

2024 年，中国风电年平均利用率

95.9%

中的比例不断上升，面临较大的消纳压力。西藏、河北、内蒙古、青海、新疆、吉林、甘肃、陕西等省份利用率偏低。2015—2024 年中国风电累计并网装机容量及年平均利用率变化趋势如图 5.6 所示。

图 5.6　2015—2024 年中国风电累计并网装机容量及年平均利用率变化趋势

风电在迎峰度冬电力供应中作用提升

迎峰度冬期间一般为风电大发月份，近年来随着风电装机规模不断扩大，风电在迎峰度冬电力供应中发挥了更为重要的作用。

从电量上看，2024 年 11—12 月，中国风电发电量共 1861 亿 kW·h，同比增长 15.0%，占同时期全社会用电量的 11.2%，同比增长 1.2%。从电力上看，风电在迎峰度冬期间晚高峰顶峰中提供了重要支撑。2024 年冬季，在最大用电负荷超过 12 亿 kW 的 22 天中，晚高峰（16:00—19:00）全国用电负荷平均提高 4583 万 kW，风电出力提升 2301 万 kW，占用电负荷提升的比例超过一半（50.2%），风电出力占总用电负荷的比例从 9.7% 提升到 11.2%，有效缓解了该时段电力需求紧张局面。2024 年冬季高负荷日晚峰时段（16:00—19:00）风电出力提升占用电负荷提升的比例统计如图 5.7 所示。

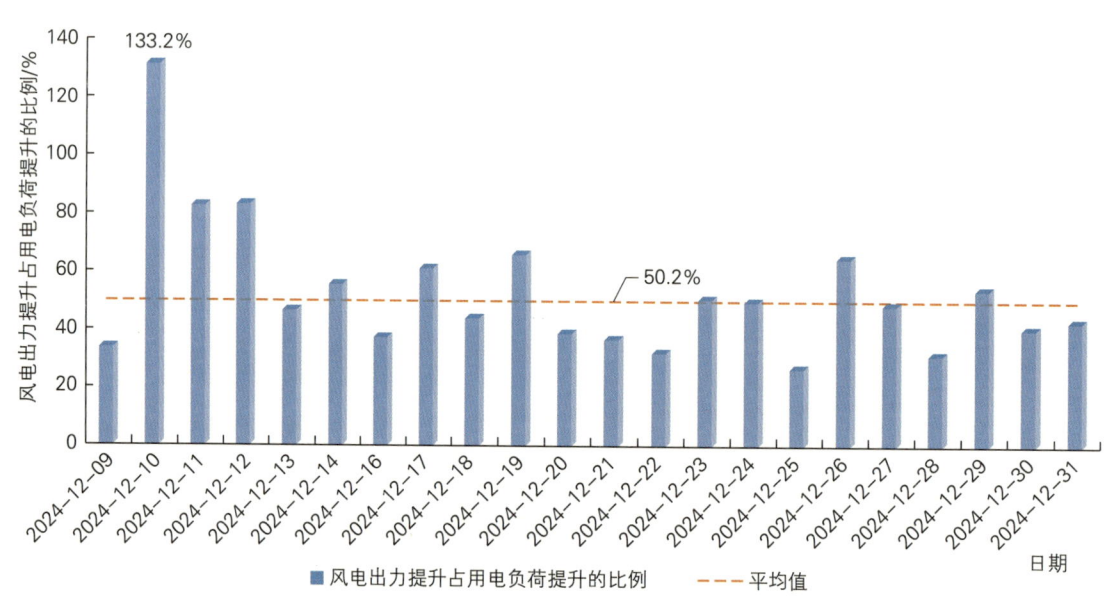

图 5.7　2024 年冬季高负荷日晚峰时段（16：00—19：00）风电出力提升占用电负荷提升的比例统计

5.4 太阳能发电

2024 年，中国太阳能年发电量达 **8383 亿 kW·h**

太阳能发电量同比增长超 40%

2024 年，中国太阳能年发电量达 8383 亿 kW·h，同比增长 43.7%，占全部电源总年发电量的 8.5%，较 2023 年提升 2.2 个百分点。其中，光伏年发电量 8371 亿 kW·h，同比增长 44%。分布式光伏年发电量 3462 亿 kW·h，同比增长 55%；华北、华东和华中地区分布式光伏发展迅速，三个地区总年发电量约占分布式光伏总年发电量的 84%。2015—2024 年中国太阳能年发电量及占比变化趋势如图 5.8 所示。

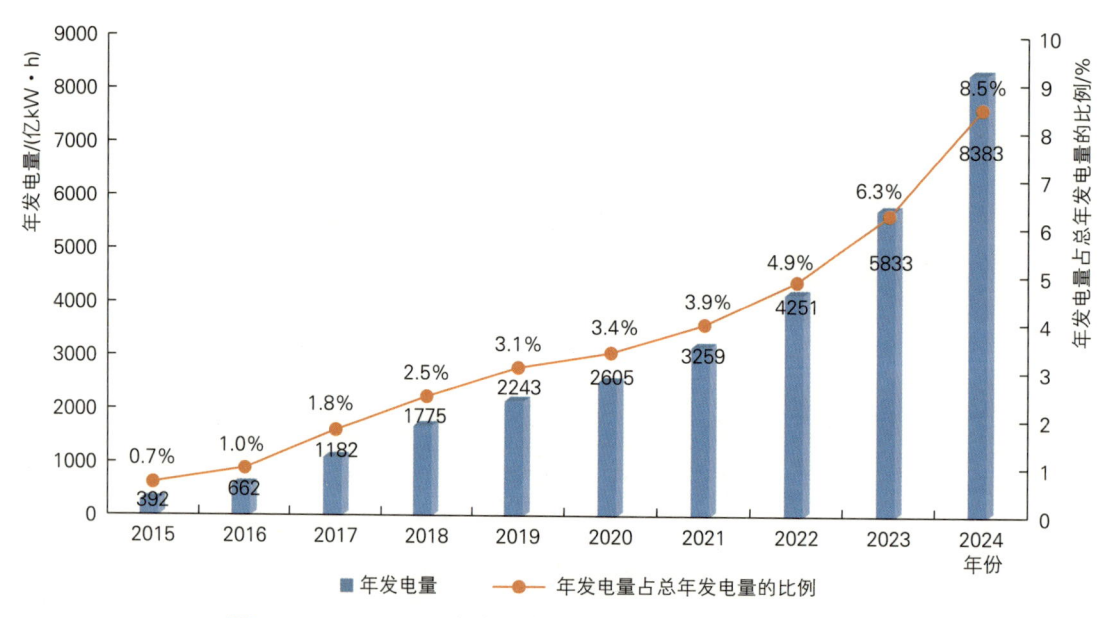

图 5.8　2015—2024 年中国太阳能年发电量及占比变化趋势

年平均利用小时数略有下降

2024 年太阳能发电年平均利用小时数
1211h

2024 年太阳能资源总体为正常略偏小年景，全国平均年水平面总辐照量较近 10 年平均值和 2023 年值均偏小，太阳能发电年平均利用小时数 1211h，较 2023 年减少 75h，低于"十三五"以来的平均值 1255h。四川、河北、甘肃、西藏、宁夏等省份年平均利用小时数同比降幅较大，广东、天津、重庆等省份年平均利用小时数较 2023 年有一定增加。2016—2024 年中国太阳能发电年平均利用小时数统计如图 5.9 所示。

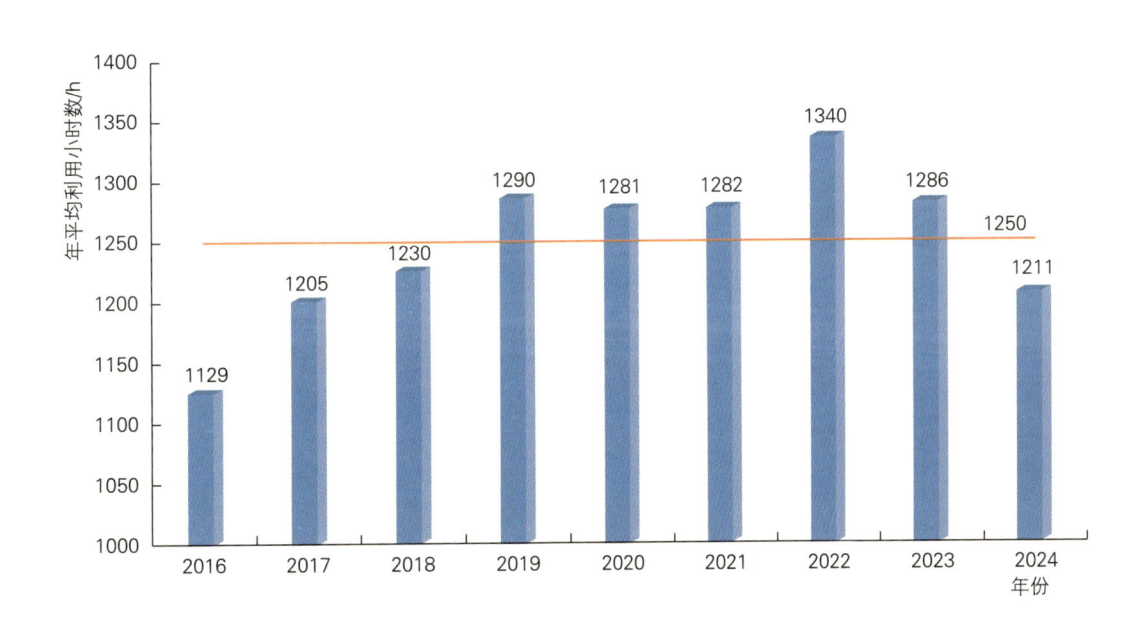

图 5.9　2016—2024 年中国太阳能发电年平均利用小时数统计

规模快速增长情况下利用率仍保持较高水平

2024 年中国光伏发电年平均利用率
96.8%

2024 年中国光伏发电在新增装机近 2.8 亿 kW 的情况下，年平均利用率达到 96.8%，同比下降 1.4%。河南、吉林等省份在光伏发电装机容量大规模增长的同时，实现了年平均利用率有所提升；西藏、新疆、甘肃等省份由于新增光伏发电装机容量较大等因素影响，年平均利用率有所降低。2016—2023 年中国光伏发电累计并网装机容量及年平均利用率变化趋势如图 5.10 所示。

图 5.10　2016—2023 年中国光伏发电累计并网装机容量及年平均利用率变化趋势

光伏发电在迎峰度夏午高峰电力供应中的贡献显著提升

夏季是光伏发电黄金时期，与迎峰度夏在时间上高度重合，随着近年来装机规模不断扩大，光伏发电在迎峰度夏中助力电力保供的作用愈发明显。

从电量上看，2024 年 6—9 月，全国光伏发电量共 3213 亿 kW·h，同比增长 52.3%，占同时期全社会用电量的 9.0%，同比增长 2.2%。从电力上看，迎峰度夏期间全国最大电力负荷 14.5 亿 kW，在最大用电负荷超过 13 亿 kW 的 50 天中，日内负荷午高峰时段平均共有 4.7h 光伏发电出力占用电负荷的比例超 20%，日内平均负荷最高峰时刻（11:15）光伏发电出力占比达到 23%；在最大负荷超过 14 亿 kW 的 9 天中，日内负荷高峰时段平均有 4.3h 光伏发电出力占用电负荷的比例超 20%，日内平均负荷最高峰时刻（13:45）光伏发电出力占比达到 21.7%，特别在 8 月 5 日、8 月 6 日两天，用电负荷超 14 亿 kW 的 8h 高峰时段中，光伏发电有 4h 出力超过 3.5 亿 kW，有力地支援了电力保供需求。2024 年夏季高负荷日高峰时刻（11:15）光伏发电出力占比统计如图 5.11 所示。

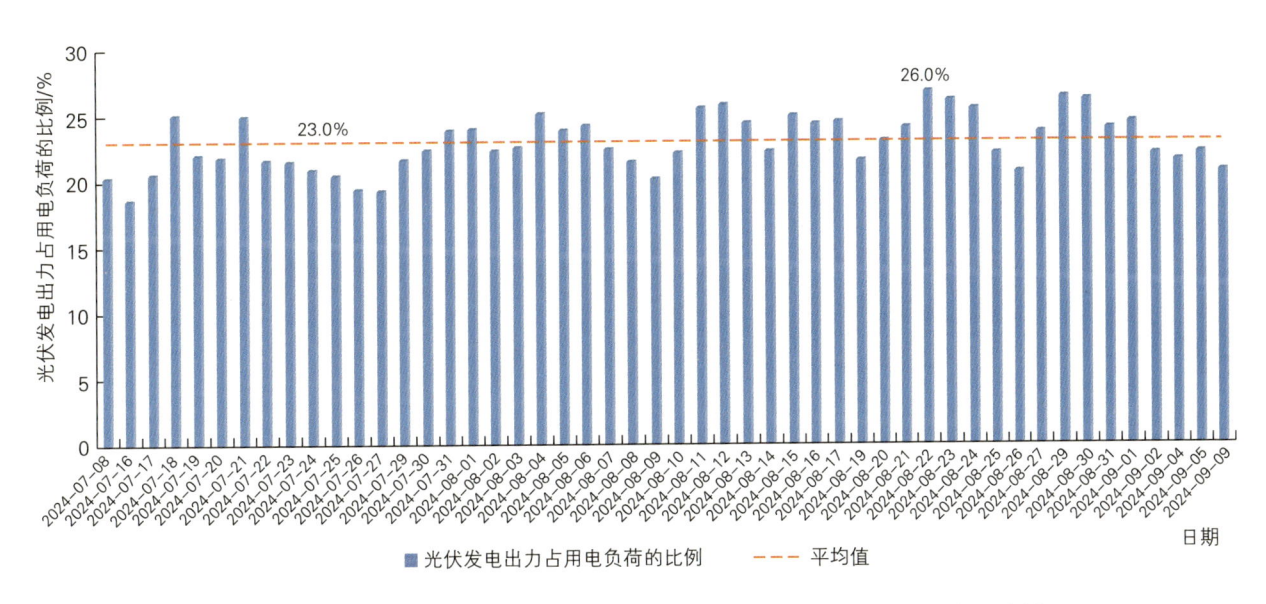

图 5.11　2024 年夏季高负荷日高峰时刻（11：15）光伏发电出力占比统计

5.5 生物质能

2024 年，中国生物质年发电量

2083 亿 kW·h

2024 年生物质发电年平均利用小时数

4644 h

发电量保持平稳增长

2024 年，中国生物质年发电量 2083 亿 kW·h，同比增长 5.2%，约占全部电源年发电量的 2.1%。其中，农林生物质年发电量为 528 亿 kW·h，同比下降 4%；生活垃圾焚烧年发电量为 1523 亿 kW·h，同比增长 9.3%；沼气年发电量为 32 亿 kW·h，同比下降 11.3%。

年平均利用小时数略有下降

2024 年生物质发电年平均利用小时数 4644h，较 2023 年减少 70h。受部分地区机组停运影响，农林生物质发电、沼气发电年平均利用小时数同比分别降低 7.4% 和 16%，降至 3094h、1914h；生活垃圾焚烧发电年平均利用小时数与 2023 年基本持平，为 5643h。

6 产业技术发展

2024 年，中国坚定不移地以技术创新为引领，可再生能源技术在智能化、材料创新以及多能协同等关键方面实现了飞跃发展。水电工程的勘测、施工技术不断推陈出新，装备制造取得突破性进步，智能化应用深度拓展；风电技术沿着大型化、智能化、多元化的方向大步迈进；光伏规模持续扩大，晶硅电池转化效率持续提升，光热低成本技术持续发展；生物质发电和供热技术水平稳步提升，生物天然气向工程大型化、原料多样化、产业综合化方向发展；新型储能技术加速推进和应用，压缩空气储能核心装备取得突破；深部地热资源勘探与干热岩开发技术加速推进，地热能发电技术和试验示范项目取得突破；电解设备向大型化发展，制氢技术实现突破，相关产业平台逐步完善；潮流能、波浪能等发电技术加速迭代进步，海洋能产业公共服务能力实现新跨越。

6.1 常规水电和抽水蓄能

超深孔水平钻探、智能化超前地质预报等方面取得技术突破

超 2000m 孔深小口径金刚石绳索连续取芯钻探技术的成功应用，为深埋长隧洞勘察工作带来了变革性的突破，为水电工程深埋长隧洞前期勘察分析围岩类别、断裂构造分布情况、施工期预判地层分布及地下水条件、隧洞施工安全和动态设计等提供了更为翔实的资料。基于人工智能与融合智能分析相结合的智慧地质预报和智能化超前地质预报技术突破传统的超前地质预报模式，通过地质调查法、地质素描、物探及钻探相结合的手段，对勘察资料进行深度学习实现融合智能分析，可实现构造复杂山区地下洞室施工中可能遭遇的坍塌掉块、高地应力下岩爆和软岩变形、高温热害、岩溶及地下水发育段突水突泥等不良地质问题或多灾种耦合地质风险的精细化、定量化预测。

青藏高原地区多个重大水电工程实现年度节点目标

叶巴滩水电站大坝最高坝段浇筑超 160m，拉哇水电站大坝累计填筑量突破 1000 万 m³，双江口水电站大坝累计填筑量突破 3000 万 m³，玛尔挡水电站实现了全部机组投产发电。300m 级特高土石坝智能建造和安全监测技术、计算理论和设计方法等均取得重大突破。

超长斜井施工技术已逐渐成熟

超长斜井施工形成了"定向钻＋反井钻＋人工扩挖为主，斜井 TBM

为辅"的施工方法。2024年，天台抽水蓄能电站2条引水系统共4条斜井均顺利开挖完成，上、下斜井总长483.4m，坡度58°，采用反井法施工，其中1号上斜井开挖共历时13个月，综合偏斜率仅0.67‰，远小于规范要求1%。洛宁抽水蓄能电站2号引水斜井（总高差约546m，坡度38.7°）TBM于2024年4月下旬始发，9月初贯通，平均月进尺201.8m，与传统开挖支护进度40~60m/月比较，施工效率显著提升。平江抽水蓄能电站采用大倾角可变径（6.5~8m级）TBM成套设备，兼具平洞与斜井转换的连续施工能力，2024年11月长约583m、倾角50°的1号下斜井已贯通，最高月进尺达155m。

超深竖井施工技术不断突破

随着抽水蓄能大规模开发建设，输水系统采用一级超深竖井布置的工程逐渐增多，已开工的松阳抽水蓄能电站竖井（含调压井）深达649m。浪江抽水蓄能电站一级竖井采用正反结合施工方法，下部井深453m，引水竖井采用国产反井钻2.5m一次成型导井+伞钻扩挖，于2024年12月全线贯通，最高月进尺达110m。永嘉抽水蓄能电站排风竖井及两条引水竖井（最大井深488m，直径7.23m）采用反井钻导井+竖井掘进机扩挖方法，可变径竖井扩孔掘进机已于2024年11月下旬在排风竖井始发。

稳妥加快抽水蓄能电站施工进度

在确保安全和质量前提下，抽水蓄能行业建设各方从处于关键线路上的进场交通、通风洞施工、主厂房开挖、机电安装及机组调试等方面，就加快施工进度开展了大量有益的研究与实践探索。例如，某抽水蓄能电站通过增设约300m长的厂顶施工支洞，地下厂房提前7个月具备开挖条件。在地质、交通、气候等建设条件相对较好的华南地区，采用先进的建设和管理技术，积极开展设计优化，地下厂房开挖完成用时约18个月、厂房开挖完成至首台机组投产发电用时约26个月已将工期提升至较快水平。但在建设条件相对较差的西北地区，加快建设工期仍需要开展深入研究与实践。

电动化施工设备快速推广

水电行业积极探索电动化施工设备用于大坝填筑、压力钢管运输等建设场景，推动水电工程绿色施工技术发展。金沙江上游拉哇水电站探索高海拔地区纯电动自卸车规模化应用，大坝施工区全部采用新能源自卸汽车，节约能源，减少噪声、烟尘等污染。广西南宁抽水蓄能电站上水库大坝填筑运输采用电动重卡，并建成重卡换电站，实现了电动重卡快速换电。内蒙古芝瑞抽水蓄能电站引水斜井压力钢管洞内运输采用电动无轨遥控运输台车。

装备制造支撑水电高质量发展

句容、五岳等200m水头段抽水蓄能电站投产，进一步完善了中国中低水头段水泵水轮机设计制造运行经验；世界在建单机容量最大的500MW冲击式机组配水环管制造完成并交付，冲击式转轮正在制造过程中；中国单机容量最大的抽水蓄能机组完成铁心叠片及磁化试验；丰宁抽水蓄能电站引进的首台300MW交流励磁变速抽水蓄能机组投产发电，填补中国大型交流励磁变速抽蓄机组应用的空白；完成了中国自主研发的单机容量300MW、400MW交流励磁变速机组重要试验，为后续交流励磁变速抽蓄机组全产业链国产化技术发展奠定基础；首次完成272.7r/min的大型非常规接线（对称四支路）绕组发电电动机的研发；玛尔挡水电站实现了3000m级高海拔大容量水电机组的全面投产；依托道孚350MW级抽水蓄能机组重点研发攻关，完成3500m级、350MW大容量发电电动机通风冷却结构设计，完成了28kV定子防晕电压等级发电电动机的研发与人工气候罐试验，突破了28kV定子防晕电压等级发电电动机研发技术瓶颈；国产1000MPa级钢板首次在天台抽水蓄能电站压力钢管中实现规模化应用；中国首创的"分层立式导叶阀"型分层取水设备在玛尔挡水电站正式投入运行，其他新型分层取水设施的研发和实施亦在稳步推进中。装备制造典型案例见专栏6.1。

专栏 6.1　　　　　　　　装备制造典型案例

低水头、宽负荷范围抽蓄电站水泵水轮机水力设计能力稳步提升
　　句容、五岳等200m水头段抽水蓄能电站成功投产，进一步完善了中国中低水头段水泵水轮机设计制造运行经验。通过张掖等项目水泵水轮机的不断优化设计，拓宽了水泵水轮机的稳定运行范围，为后续类似项目积累了技术经验。

最大单机容量冲击式机组取得实质性突破
　　2024年6月，世界在建的单机容量最大、转轮直径最大的扎拉冲击式水轮机模型试验完成第三方验收；2024年10月，自主研制的扎拉冲击式水轮机配水环管顺利完成制造，标志着中国水电装备制造取得重大突破。冲击式转轮正在制造过程中。

中国单机容量最大的抽水蓄能机组完成铁心叠片及磁化试验

2024年12月,中国在建单机容量最大(425MW,500r/min,最大扬程776m)的天台抽水蓄能机组完成1号机组铁心磁化试验,并完成3号机组蜗壳吊装,标志着电站全面转入机电安装阶段。

中国引进的首台交流励磁变速机组投运

丰宁抽水蓄能电站引进的两台交流励磁变速机组,2024年8月,其首台交流励磁变速机组(12号机)投运,可以在93%~106.2%额定转速区间内稳定运行,抽水功率调节深度达110MW,并具备快速功率调节特性与响应能力。机组接入京津冀电网,并与张北可再生能源柔性直流电网工程配套运行。12月,其第二台交流励磁变速机组(11号机)投产。

国产变速机组的研制开发进展加快

完成中国自主研发的单机容量300MW、额定转速428.6r/min的变速机组1:1真机转子模型飞逸极限工况试验验证、通风模型试验、协同控制器功能试验,完成中国自主研发的单机容量400MW、额定转速500r/min的变速机组1:1真机转子模型试验、集电装置试验、通风模型试验,为后续交流励磁变速抽蓄机组全产业链国产化技术发展奠定基础。

黄河上游海拔最高的大型水电站机组全部投产发电

玛尔挡水电站发电机层高程3083m,是黄河上游已投运海拔最高的大型水电站,电站建设克服了高海拔、低气温等挑战。定子防晕电压等级达到26kV,为目前已投运机组绝缘防晕设计难度的上限。2024年12月全部机组顺利投产发电。

开展了高海拔发电电动机定子绕组绝缘及防晕系统现场试验

2024年道孚抽水蓄能电站完成了海拔3500m、18kV定子绕组的绝缘及防晕设计,并通过了高海拔人工气候罐模拟超高海拔条件下定子绕组在不同环境温度、不同相对湿度下绝缘及防晕性能的试验验证。2024年11月在高海拔现场试验室中开展长期实地试验。目前正在进行模拟绕组老化试验,截至2024年12月31日,试验已累计进行1200h,试验结果良好,标志着中国高海拔发电电动机研究迈出坚实一步。

适用于高海拔环境的发电电动机出口成套开关顺利研发

截至2024年12月,依托道孚抽水蓄能电站,中国自主研制的额定电压24kV、适用于海拔4000m级的抽水蓄能电站配套发电机断路器、电制动开关、换相隔离开关、母线隔离开关等设备顺利完成了高海拔绝缘型式试验。高集成发电机断路器(含起/拖动开关)完成设备研发,计划开展绝缘型式试验验证。

国产1000MPa级钢板在中国抽水蓄能电站中首次实现规模化应用

浙江天台抽水蓄能电站输水系统引水钢岔管承受内水头(含水击压力)1250m,*HD*值高达5000m·m,继2024年9月11日1000MPa级高强钢模型钢岔管圆满完成水压爆破试验后,至12月5日,1号引水下斜井下弯段1000MPa级高强钢压力钢管焊接安装完成,标志着该等级高强钢材及配套焊材和焊接技术在中国水电行业首次成功规模化应用。

> **新型分层取水设施投入使用**
>
> 2024年12月5日，玛尔挡水电站1号机组一次并网成功，标志着中国首创的"分层立式导叶阀"型式的分层取水设施正式投入运行，设施具备直接控制每个独立阀块从而灵活快速地实现导叶阀开闭的功能，可提高分层取水操作效率和有效减缓低温水下泄。该项应用促进了分层取水技术创新发展，同时中国部分高坝大库水电工程中其他型式的分层取水设施的研发和实施亦在稳步推进中。

水电厂数字化智能化应用快速发展

2024年9月，中国自主研发的抽水蓄能电站群设备状态大数据分析系统在广州正式投入使用，该系统云端集成了7座抽水蓄能电站，包括34台机组设备和超过35万个测点信息感知数据，可实现机组状态分析等功能。 2024年11月，中国自主研发的常规水电厂群态势感知应用分析系统在贵安投运，该系统集成了106座水电厂/371台机组测点信息感知数据，可实现产业态势分析、运行智能监测等功能。 上述两大系统的投运为提高中国水电厂群运行管理的数字化、智能化水平开启了实践探索。

智能门机创新研究与应用

2024年9月30日，葛洲坝水电站机组进水口坝顶门机智能化升级完成，百吨闸门实现了毫米级精度智能精准操控。 通过改造并融合北斗定位、激光、UWB以及直线编码、标签和AI识别等多种技术手段，开发了成套算法，实现了门机的启停、行走、定位及对闸门的精准操控。 门机智能化升级实现了全过程无人化自动控制，提升了综合效率。 此外，依托物联网、大数据、人工智能等前沿科技，可进行数据实时采集、分析监测，实现了门机全生命周期状态监测，构建了水电站金属结构设备智能互联系统。

6.2 风电

"超大型"机组技术继续领跑全球

2024年，中国陆上、海上风电机组大型化趋势持续加速，下线机组单机容量、叶片长度不断刷新全球纪录。 单机容量方面，陆上风电最大下线机组容量为15MW，海上风电最大下线机组容量为26MW，分别较2023年提高4MW和6MW，同时漂浮式海上风电机组最大下线机组容量达20MW，机组制造水平显著提升。 叶片长度方面，陆上风电最大叶片长度达到 131m，扫风面积超 5.7 万 m^2；海上风电最大叶片长度达到超过 143m，扫风面积超 6.6 万 m^2，超大型风电叶片制造技术不断成熟。2020—2024 年风电机组最大单机容量变化趋势如图 6.1 所示。

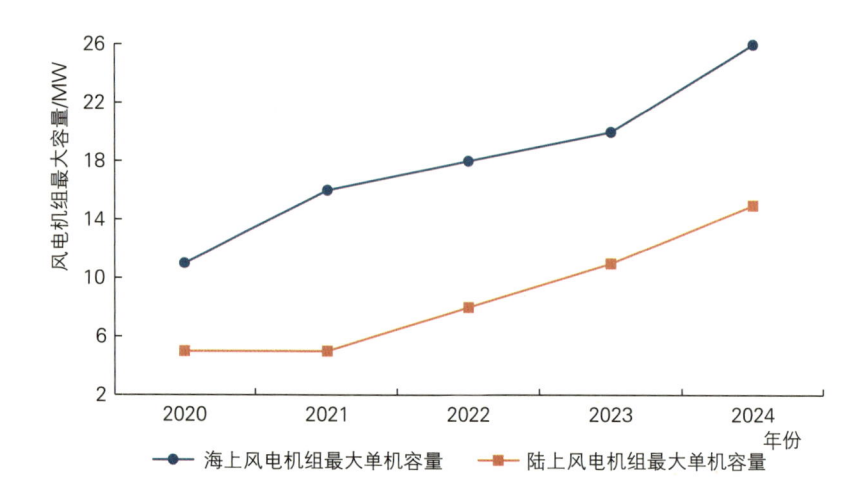

图 6.1 2020—2024 年风电机组最大单机容量变化趋势

开发利用技术不断创新

桁架式高塔架、超高性能混凝土塔架取得批量商业化应用，推动陆上风电塔筒高度迈上 180m 以上新台阶，进一步拓宽陆上风电技术可开发区域；兆瓦级高空风能发电技术在安徽绩溪取得首次工程化实践，为探索开展 300～3000m 高空风能开发利用、推动陆基高空风电技术进步提供先行先试经验；海拔超过 5300m 的西藏八宿 100MW 风电项目开工建设，刷新了世界海拔最高风电场纪录，进一步提升超高海拔地区风能资源开发利用技术水平；全球首创双风轮、双主机设计的"明阳天成号"漂浮式风电平台在阳西海域正式投运，单个浮式基础上搭载两台 8.3MW 海上风电机组，与同等容量单叶轮风电机组相比发电量提升 4%以上。

核心部件制造及测试能力不断升级

风电叶片制造和检测水平取得新突破，147m 超长叶片通过静载测试。25MW 级风电主轴轴承及齿轮箱轴承在河南洛阳下线，刷新全球风电轴承最大单机容量纪录。中国首创、全球最大的 35MW 级六自由度风电整机试验台在三一重能风电试验中心正式投运，试验台采用 100%国产供应链建设，能够满足 35MW 级整机全生命周期验证需求。国家级海上风电研究与试验检测基地传动链平台在福建福清建成投运，为25MW级海上风电机组开展全工况模拟提供了地面试验平台。

产业链协同支撑海上风电高质量发展

从整机制造、基础施工、风电机组吊装等关键生产制造与施工环节的产能来看，中国已构建形成自主可控的海上风电产业链。

整机制造方面，2024年全球排名前10位的风电整机商有6家中国企业，排名前4位的均为中国企业，中国风电企业占全球市场份额超过60%。

勘测设计方面，从"中国三峡101号"58m水深海上风电自升式勘探试验平台，到中国电建研发投建75m水深海上自升式勘测试验平台，勘测装备取得长足进步，相关指标达到国际先进水平，有力支撑我国海上风电规划建设。

施工安装方面，中国用于海上风电基础施工的起重船超过30艘，已投运和在建风电机组安装船超过60艘，每年可支撑海上风电装机容量达到千万千瓦。

"海上风电+"多业态融合发展趋势明显

为充分利用海洋空间资源，提升海域空间立体开发利用效率和水上水下综合经济产出，"海上风电+"多业态融合开发成为海上风电发展的重要路径，2024年中国相关示范项目陆续落地。在"海上风电+"海洋牧场融合发展方面，中国自主研发的全球首座风渔融合浮式平台在福建莆田正式投产，创造了漂浮式海上风电领域"水下养鱼、水上发电"的海洋经济开发新模式；在海上风电制氢方面，400kW制氢电解槽在珠海桂山海上风电平台上完成海试，标志着亚洲首个工业级海上风电制氢示范项目顺利落成，验证了海上风电制氢在复杂海洋环境的可行性。

6.3 太阳能发电

光伏产业规模持续壮大

2024年，中国多晶硅产量为182万t，同比增长23.6%；硅片产量为753GW，同比增长12.7%；电池片产量为654GW，同比增长10.6%；组件产量为588GW，同比增长17.8%。中国光伏制造端多晶硅、硅片、电池、组件产量均有较大增长，同比涨幅均超过10%。2011—2024年中国光伏组件产量如图6.2所示。

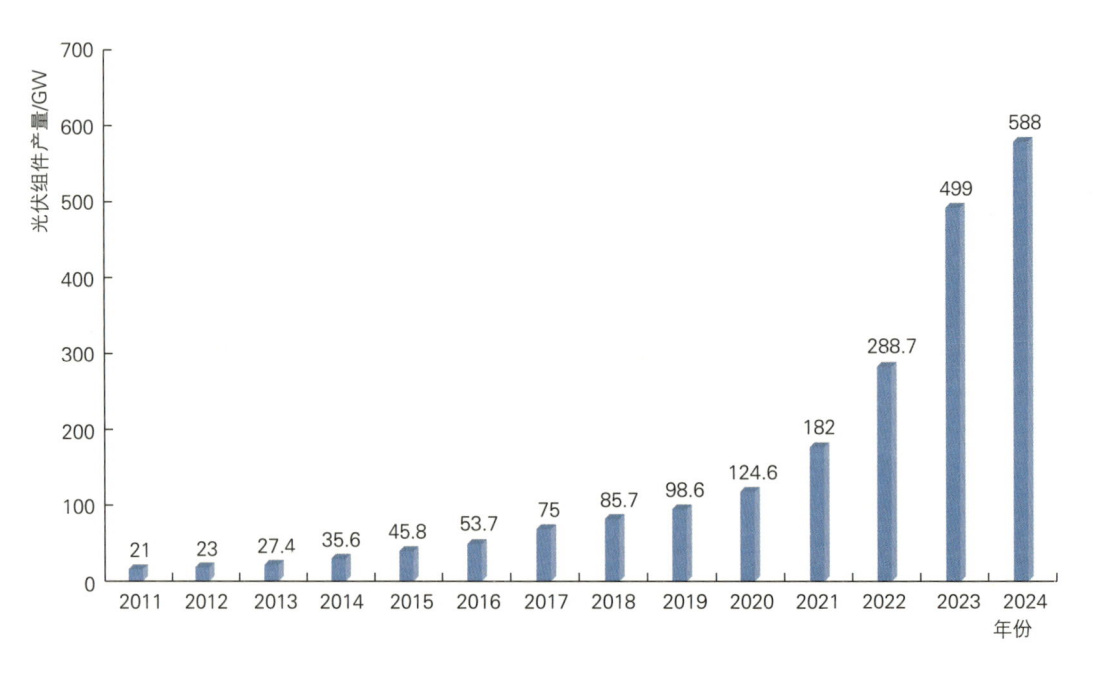

图 6.2 2011—2024 年中国光伏组件产量

电池市场技术主体转换完成

2024 年，新投产量产产线以 N 型产线为主，随着 N 型电池片产能陆续释放，2024 年电池出货量中 N 型 TOPCon 电池片占比达到 71.1% 左右，较 2023 年提升 44.6 个百分点，P 型 PERC 电池片市场下降至 20.5%，异质结电池片市场占比约为 3.3%，BC 电池片市场占比约为 5.0%，其他电池片产品的市场占比约为 0.1%，市场主流电池技术迭代基本完成。2024 年各类电池片市场份额占比如图 6.3 所示。

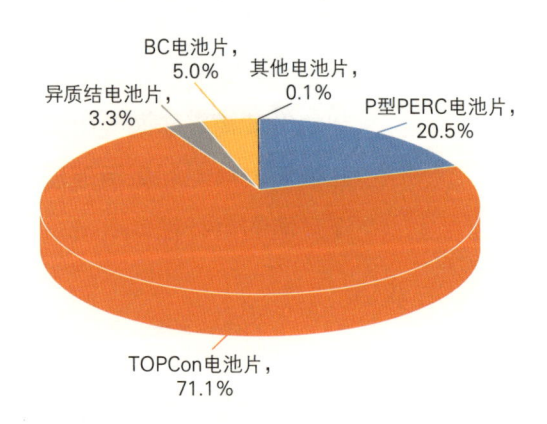

图 6.3 2024 年各类电池片市场份额占比

晶硅电池转化效率持续提升

2024 年 P 型 PERC 电池平均转换效率达到 23.5%，较 2023 年提升 0.1 个百分点；N 型 TOPCon 电池平均转换效率达到 25.4%，较 2023 年提高 0.4 个百分点；异质结电池产业化平均转换效率达到 25.6%，较 2023 年提高 0.4 个百分点；BC 电池平均转换效率达到 26.0%，较 2023 年提高 1.1 个百分点。N 型电池、BC 电池技术已经成为目前光伏电池技术的主流发展方向，电池效率也将随着产业发展持续提升。2016—2024 年中国晶体硅电池转换效率变化趋势如图 6.4 所示。

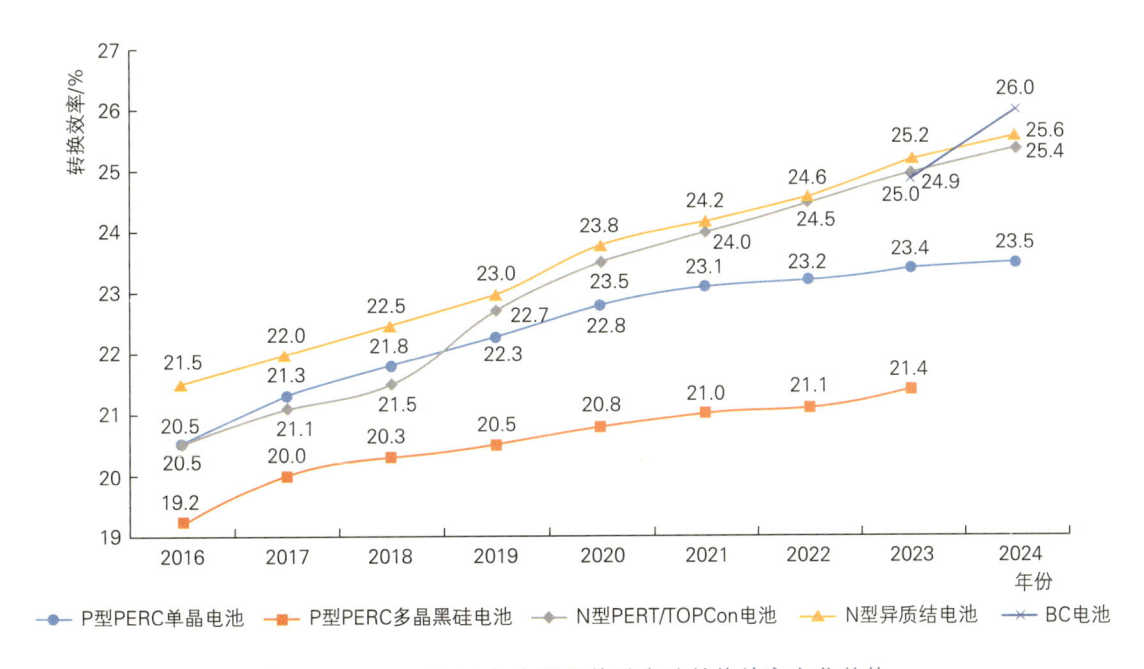

图 6.4　2016—2024 年中国晶体硅电池转换效率变化趋势

薄膜电池技术持续升级

2024 年，碲化镉（CdTe）电池量产组件平均效率达到 16.1%，较 2023 年提升 0.3 个百分点；铜铟镓硒（CIGS）电池玻璃基板组件与柔性组件平均转换效率分别达到 16.5% 和 17.3%，分别与 2023 年持平和上升 1.0 个百分点。Ⅲ-Ⅴ族薄膜电池具有高成本与高效率的特点，由于该领域的设备及技术独特性，进行研发的研究机构及企业较少，目前企业研发主流的三结电池的研发平均转换效率为 36.9%。中国小面积钙钛矿电池实验室最高转换效率达到 26.7%，较 2023 年上升 0.6 个百分点；玻璃基中试组件最高转换效率达到 22.4%，较 2023 年上升 1.8 个百分点，玻璃基量产组件最高转换效率为 19.0%，较 2023 年上升 0.8 个百分点。钙钛矿-晶硅叠层电池最高转换效率达到 34.6%，较 2023 年上升 0.7 个百分点。

组件功率稳步提升

2024 年，双面组件市场占比达到 78%，较 2023 年提高 11.0 个百分点。除 P 型 PERC 组件外，其他类型不同尺寸组件功率均有提升。PERC 单晶电池组件采用 182mm 尺寸 72 片组件功率保持 555W，采用 210mm 尺寸 66 片的组件功率保持 665W，均与 2023 年持平。采用 182mm 尺寸 72 片 TOPCon 单晶电池的组件功率达到 593W，较 2023 年上升 13W 左右；采用 210mm 尺寸 66 片 TOPCon 单晶电池组件功率达到 712W。采用 210mm 尺寸 66 片异质结电池组件功率达到 720W，较 2023 年上升 10W 左右。采用 182mm＊210mm 尺寸 66 片 BC 电池组件功率达到 645W。

光热发电技术升级带动成本下降

2024 年，中国太阳能热发电技术聚焦低成本与高效化目标，通过全产业链协同创新推动度电成本持续下降。熔融盐储换热技术依托规模化应用实现性能优化，其储热系统效率和成本控制能力显著提升；关键设备国产化进程加速，熔融盐阀门、镜场控制系统等核心部件自主化率突破 90%，定日镜、吸热器等设备制造成本明显降低。同时，智能化运维系统集成先进控制算法与优化策略，推动电站运维成本下降。技术迭代方面，大开口槽熔盐集热器攻克线聚焦系统效率瓶颈，全球首个超临界 CO_2 光热实验电站则验证了布雷顿循环在高温场景下的性能优势，为第四代光热技术降本增效奠定基础。产业链规模化效应叠加技术突破，预计到 2030 年，行业平准化度电成本（Levelized Cost of Energy，LCOE）将下探至 0.4 元/（kW·h），强化光热在新型电力系统中稳定调峰电源的核心价值。

6.4 生物质能

生物质发电技术和供热技术水平稳步提升

《生物质锅炉技术规范》(GB/T 44906—2024) 正式发布，对生物质锅炉设计、制造、运行等环节提出统一技术标准，促进行业规范化发展。生物质高温高压燃烧、生物质气化燃烧等技术进一步提升了发电机组利用效率，达到世界先进水平。生物质热电联产、成型燃料锅炉供热等技术在工商业供热、居民清洁供暖领域实现规模化应用，相较于传统供热方式，具有"零碳"供热优势。

生物天然气向工程大型化、原料多样化、产业综合化方向发展

生物天然气技术产业化应用以厌氧发酵方式为主，并逐步由湿发酵向干发酵转变，摆脱了沼液处理问题，使甲烷产率进一步提高，产业模式逐渐呈现出工程大型化、原料来源多样化和产业功能综合化的趋势。例如，安徽阜南的"站田式"生物天然气项目采用的单体厌氧发酵罐体积达 6000m³。厌氧技术的突破使农作物秸秆、畜禽粪污、餐厨垃圾等多种有机废弃物得以高效利用，原料来源更加广泛，解决了原料单一、收集困难的问题。产业综合化方面，山西应县成功将生物固碳技术与生物天然气项目耦合，充分利用畜禽粪污资源，已产出高蛋白食品级藻粉。

生物质能综合利用技术升级及推广应用进程加速

在生物质制氢领域，生物质热解制氢、气化化学链制氢、暗发酵制氢等工艺技术研究取得显著突破，提升了氢气产量和纯度。在生物质制甲醇领域，绿氢耦合生物质制甲醇技术（绿氢+生物质）已进入产业化示范阶段，中国单体最大生物质化学链气化制绿色甲醇技术项目已在山东签约落地。在生物柴油领域，国家关于积极推动22个试点执行生物柴油的推广应用政策意味着中国生物柴油产业进入新的发展阶段。在生物航煤领域，中国启动可持续航空燃料（Sustainable Aviation Fuel，SAF）应用试点，12个航班将正式加注SAF，这将助推中国SAF量产能力和供需市场成熟度进一步提升。

6.5 地热能

深部地热资源勘探与干热岩开发技术加速推进

中国地热能开发钻井技术向深部发展，先进资源勘探技术研究加速推进。国家重点研发计划配套工程琼北深层地热（干热岩）福深热1井正式完工，井深达到5200m，发现了超过188℃的高温地热资源，刷新了中国地热科学探井的最深纪录。技术创新方面，地热资源勘查技术向精细化、可持续化发展，非震与地震结合的城市物探技术、三维数模与采罐均衡评价方法逐步成熟，西藏羊八井地热田深部高温资源精细地质建模项目取得进展。此外，国务院国资委指导骨干央企加快布局发展未来产业，成立深部地热产业发展创新联合体，共同探索深部地热领域的开

发与利用。自然资源部启动了深地国家科技重大专项项目申报工作，布局了多项深部地热能资源勘探技术。河北省科技厅成立省级地热能利用技术重点实验室，加力聚集优势创新资源，推动地热能开发技术高水平建设。

超大规模地热能供暖及多能互补地热能供暖技术持续创新

超大规模地热供暖项目数量持续增多，陆续投入使用。山东东营成功投运全国单体规模领先的中深层地热集中供暖项目，采用"取热不耗水＋无压回灌"技术，可替代传统供暖面积 390 万 m²。大港油田河北省香河县、大厂回族自治县地热供暖项目已进入先导试验阶段，总供暖面积达 2400 万 m²，有望成为北方清洁供暖标杆。多能互补地热供暖方面，河南濮阳绿色热源供应中心项目正式投运，集成了中深层地热、中水余热、空气能等多能源，总供暖能力 1050 万 m²。山西、山东、新疆以及河北雄安新区等地也明确提出构建"地热能＋多能互补"供暖体系。

地热能发电技术和试验示范项目取得突破

中国在干热岩发电和中低温地热发电的技术装备方面取得显著突破。青海共和盆地开展世界首次干热岩单井采热及热伏发电现场测试，单井 72h 平均采热功率达到 1MW，极限工况下热伏电极极限发电能力达到 1290.8W，地热热伏发电功率位于世界前列。陕西咸阳宝石佳苑 ORC 发电试验项目对有机朗肯循环（Organic Rankin Cycle，ORC）技术进行了创新优化实验，突破了"热电氦"三联产技术，项目已并网发电，为推动地热开发效益提升和产业链拓展作出了重要探索。

6.6 海洋能

海洋能产业公共服务能力再上新台阶

国家海洋综合试验场（珠海）揭牌，为波浪能利用、漂浮式平台、海洋观测等海洋能相关重要技术装备提供公益、权威、便利的海洋长期试验保障、样机验证、测试评估等公共服务，标志着国家海洋综合试验场"北东南，浅海＋深远海"总体布局进一步完善。

潮流能、波浪能等发电技术加速迭代进步

2024 年，浙江海洋潮流能发电工程入选国际能源署海洋能源系统技术合作计划（IEA－OES）"全球海洋能 20 大亮点工程"，其中兆瓦级潮流

能发电机组"奋进号"在海底原位运维检修技术、高效发电控制技术、可靠并网输电技术等方面持续突破，实现长时间可靠运行，年等效发电利用小时数达到约 1050h。"华清号"波浪能发电装置采用了高效宽频波浪能俘获技术和 U 型流道空气透平机，能够在全海况条件下实现高效、安全、可靠的发电，在 12 级台风期间仍能保持稳定运行，整机发电效率达到约 26%。"集大 4 号"波浪能发电平台是中国首套 100kW 的可自航混流气动式波浪能发电平台，能够灵活前往目标海域进行发电，同时在宽频波浪响应、抗台风生存技术、高效能量转换技术等方面实现创新示范。

部分海洋能技术的产品化探索持续加深

基于气动式波浪能发电技术和传统浮标技术，提高浮标水动力学性能、透平转换性能和气动转换效率，发展了波浪能自供电海上观测平台，并形成了"合作者号"等不同规格的系列化产品。

6.7 新型储能

突破 300MW 级压缩空气储能核心装备研发瓶颈、创新研究水下恒压压缩空气储能技术

在持续研究总结和项目实践基础上，2024 年度压缩空气储能行业攻克了全三维仿真设计技术（Computational Fluid Dynamics，CFD）、超临界空气与蓄冷（热）材料的强化传热技术、系统及设备变工况条件与控制技术，成功研制出 300MW 多级高负荷透平膨胀机、多级宽负荷压缩机和高效紧凑式蓄热换热器等核心装备，突破高压膨胀机和蓄换热器等关键部件的研发瓶颈。开展了水下恒压压缩空气储能技术研究，利用水下天然恒压、恒温的环境优势，可实现恒压储/释能，保证压缩机和膨胀机在设计点附近稳定工作，避免节流损失、提升系统效率，为后续技术验证提供技术支撑。

飞轮储能在电力系统中初步应用、建设进展迅速

飞轮储能是一种基于机械能的储能技术，通过高速旋转的飞轮将电能转化为动能储存，并在需要时通过减速将动能转化为电能释放，多应用于电网调频等场景。2024 年度，飞轮储能在磁悬浮轴承技术、碳纤维高强度轻质新型材料及热管理系统等方面，均取得了一定的技术发展和研究成果。在工程建设与应用方面，2024 年中国首套具备惯量支撑

的构网型飞轮储能系统在云南瓦富源西智慧风电场完成安装调试，实现飞轮储能＋风电机组联合运行；山西忻州原平 30MW 飞轮＋20MW 锂电池混合储能项目和山西永济市 50MW 飞轮＋50MW 磷酸铁锂电池混合储能项目并网投产；国家能源集团蓬莱公司的 4MW/1MW·h 磁悬浮飞轮储能项目成功并网，与两台 330MW 火电机组耦合参与 AGC（Automatic Generation Control）二次调频，显著提升了火电机组的调频能力。上述项目的成功投产，标志着中国飞轮储能在工程应用上技术逐渐成熟，有利于新能源消纳，为中国能源转型发展提供更多助力。

6.8 氢能

电解设备大型化发展持续推进

电解槽单槽最大制氢量呈不断上升趋势，新型制氢技术加速商业化应用。大功率碱性电解槽产品快速迭代，碱性电解槽单槽最大制氢量达到 5000Nm^3/h。PEM 电解槽最大单槽制氢量达 500Nm^3/h，兆瓦级 PEM 质子交换膜电解槽逐步实现商业化。阴离子交换膜、海水制氢技术实现一定突破，固体氧化物电解水技术由中试向工业示范过渡，单槽规模提升至百千瓦级。

储运技术向高效、自主化方向持续发展

气态储氢方面，持续向高压力发展，Ⅳ型瓶质量储氢密度提升至 7.2wt%，实现规模化量产销售。固态储氢方面，稀土基、镁基储氢技术的产业化应用持续推进，中国率先实现百吨级镁基固态储氢材料生产线投料试产开车成功。液态储氢方面，中国液氢系列装备自主化程度不断提升，山东淄博 10t/天大规模氢气液化工厂实现试运行，中国首台民用液氢罐车在张家港下线。地下储氢方面，岩洞储氢和深地盐穴储氢技术实现突破，湖北大冶岩洞氢储能、河南叶县深地盐穴储氢项目开工。

规模化远距离管道输氢应用提速

在天然气掺氢方面，中国首条可掺氢高压长输管道——包头—临河输气管道工程项目正式竣工通气，主干线全长 249km，标志着中国在掺氢长输领域迈出重要一步。在纯氢管道方面，世界最大口径、最大输量的绿氢管道康保—曹妃甸氢气管道勘察和详细设计工作正式启动；内蒙古自治区能源局发布首个省级氢能管道建设方案，打造"一干双环四出口"的绿氢管道输送格局。

火电掺氢（氨）持续向大机组、高比例验证

中国煤电掺氨试验机组容量达到 660MW，H 级燃气掺氢发电项目落地。首个 630MW 燃煤机组在广东台山完成特定工况 20% 比例掺氨燃烧工业应用，该项成果系统构建了大容量燃煤锅炉掺氨清洁高效燃烧技术装备体系，入选 2024 年能源行业十大科技创新成果。中国首个 H 级燃气掺氢发电机组项目在广东惠州大亚湾正式投产，可实现消纳周边产业项目产生的可燃含氢尾气。

氢能技术在绿色生产生活领域持续推广

工业领域方面，中国钢研科技自主研发和建设的百万吨级纯氢多稳态竖炉示范工程实现正式运行，成功应用绿氢作为还原剂。交通领域方面，城市轨道交通、市域列车场景的氢能车辆产品完成下线，推动氢能在公共交通领域应用拓展；氢能重卡通过京沪高速首次实现超长距离实际运输测试。建筑领域方面，"氢进万家"工程迈入新阶段，深圳建成全国首个城镇燃气掺氢综合科技实验平台，平台实现掺氢比 5% ～ 20%、压力覆盖城镇燃气全范围，用氢人口超 4000 人。

7 政策要点

2024年可再生能源发电行业政策，延续"十四五"时期深化能源绿色转型发展的总体思路，进一步体现了绿色低碳、市场机制、系统优化、强化标准、设备更新、政策协同等发展特点，为可再生能源高质量发展提供政策保障。其中，在水电方面，国家统筹水电开发和生态保护，合理布局、积极有序开发建设抽水蓄能电站。在新能源方面，重点推进资源普查、规范行业管理、促进开发利用、推动改造升级等。此外，在用地方面，持续规范管理、加大要素保障；在环境保护方面，加强监督管控和评价改革。

7.1 综合类

深化能源绿色转型发展

2024年7月，中共中央、国务院印发《关于加快经济社会发展全面绿色转型的意见》，对区域发展、产业结构、能源、交通运输、城乡建设等不同领域全面绿色转型进行系统部署。到2030年，非化石能源消费比重提高到25%左右，抽水蓄能装机容量超过1.2亿kW。要求健全绿色转型市场化机制，完善绿色电力证书交易制度，加强绿电、绿证、碳交易等市场化机制的政策协同。

2024年10月，国家发展改革委等六部委印发《关于大力实施可再生能源替代行动的指导意见》（发改能源〔2024〕1537号），从总体要求、着力提升可再生能源安全可靠替代能力、加快推进重点领域可再生能源替代应用、积极推动可再生能源替代创新试点、强化可再生能源替代保障措施等五方面部署17项措施，推动形成绿色低碳的生产方式和生活方式。

2024年11月，十四届全国人大常委会第十二次会议表决通过《中华人民共和国能源法》，提出国家完善可再生能源电力消纳保障机制；合理布局、积极有序开发建设抽水蓄能电站，推进新型储能高质量发展；实施可再生能源绿色电力证书等制度建立绿色能源消费促进机制；鼓励和支持可再生能源开发利用、氢能开发利用以及储能等领域基础性、关键性和前沿性重大技术、装备及相关新材料的研究、开发、示范、推广应用和产业化发展等。

推动构建碳排放双控体系

2024年5月，国务院印发《2024—2025年节能降碳行动方案》（国发〔2024〕12号），提出2024年和2025年，非化石能源消费占比分别达到

18.9%、20%左右。实施非化石能源消费提升行动，大力促进非化石能源消费。科学合理确定新能源发展规模，资源条件较好地区的新能源利用率可降低至90%。"十四五"前三年节能降碳指标进度滞后地区要实行新上项目非化石能源消费承诺，后两年新上高耗能项目的非化石能源消费比例不得低于20%。

2024年7月，国务院印发《加快构建碳排放双控制度体系工作方案》（国办发〔2024〕39号），提出到2025年，碳排放统计核算体系进一步完善，国家温室气体排放因子数据库基本建成并定期更新。"十五五"时期，实施以强度控制为主、总量控制为辅的碳排放双控制度，建立碳达峰碳中和综合评价考核制度。碳达峰后，实施以总量控制为主、强度控制为辅的碳排放双控制度，建立碳中和目标评价考核制度，推动碳排放总量稳中有降。

2024年10月，国家发展改革委、生态环境部、国家统计局印发《完善碳排放统计核算体系工作方案》（发改环资〔2024〕1479号），提出到2025年，国家及省级地区碳排放年报、快报制度全面建立，国家温室气体排放因子数据库基本建成并定期更新。到2030年，系统完备的碳排放统计核算体系构建完成，国家、省级碳排放统计核算制度全面建立并有效运转，产品碳足迹管理体系更加完善，碳排放数据能够有效满足各层级、各领域、各行业碳排放管控要求。

加强电力系统调节能力建设

2024年2月，国家发展改革委、国家能源局印发《关于加强电网调峰储能和智能化调度能力建设的指导意见》，提出到2027年，电力系统调节能力显著提升，抽水蓄能电站投运规模达到8000万kW以上，需求侧响应能力达到最大负荷的5%以上，支撑全国新能源发电量占比达到20%以上、新能源利用率保持在合理水平。统筹提升可再生能源调峰能力，提升水电调峰能力等。大力提升电网优化配置可再生能源能力，支撑风光水火储等多能打捆送出。做好抽水蓄能电站规划建设。推进电源侧新型储能建设。探索多能源品种和源网荷储协同调度机制，探索流域水风光一体化基地联合调度机制以及风光水火储多品种电源一体化协同调度机制。

2024年2月，国家发展改革委、国家能源局印发《关于新形势下配电网高质量发展的指导意见》（发改能源〔2024〕187号），提出到2025年，配电网承载力和灵活性显著提升，具备5亿kW左右分布式新能源、

1200 万台左右充电桩接入能力。到 2030 年，有效促进分布式智能电网与大电网融合发展，较好满足分布式电源、新型储能及各类新业态发展需求。

2024 年 4 月，国家能源局印发《关于促进新型储能并网和调度运用的通知》（国能发科技规〔2024〕26 号），提出结合新型储能功能定位和市场化要求，充分发挥新型储能作用，规范新型储能并网接入管理，持续优化完善调度运行机制，保障新型储能合理高效利用。

2024 年 7 月，国家发展改革委、国家能源局、国家数据局印发《加快构建新型电力系统行动方案（2024—2027 年）》（发改能源〔2024〕1128 号），提出重点开展电力系统稳定保障、大规模高比例新能源外送攻坚、配电网高质量发展、智慧化调度体系建设、新能源系统友好性能提升、新一代煤电升级、电力系统调节能力优化、电动汽车充电设施网络拓展、需求侧协同能力提升等 9 项专项行动，提升电网对清洁能源的接纳、配置、调控能力。

2024 年 10 月，国家能源局印发《关于提升新能源和新型并网主体涉网安全能力服务新型电力系统高质量发展的通知》，从准确把握涉网安全管理工作的总体要求、切实提升涉网安全性能、加强涉网参数管理、优化并网接入服务、强化并网运行管理、营造安全发展环境等六方面部署 19 项措施，强化现有安全管理规范标准的刚性执行，进一步提升新能源和新型并网主体涉网安全能力。

2024 年 12 月，国家发展改革委、国家能源局印发《电力系统调节能力优化专项行动实施方案（2025—2027 年）》（发改能源〔2024〕1803 号），提出通过调节能力的建设优化，支撑 2025—2027 年年均新增 2 亿 kW 以上新能源的合理消纳利用，全国新能源利用率不低于 90%。着力增强抽水蓄能调节能力，高质量建设一批生态友好、条件成熟的抽水蓄能电站，充分发挥抽水蓄能削峰填谷等多重作用，提升系统支撑调节能力。差异化发挥抽水蓄能电站调节作用，按照电站定位确定调节服务范围。统筹提升可再生能源调节能力，大力支持流域龙头水库电站建设，积极推进流域水电扩机增容等灵活性提升改造，着力提高流域整体调节能力等。

持续保障可再生能源消纳

2024 年 3 月，国家发展改革委印发《全额保障性收购可再生能源电量监管办法》（2024 年第 15 号令），修订了 2007 年印发的《电网企业全额收购可再生能源电量监管办法》(国家电力监管委员会令第25号),进一步规范电力市场相关成员全额保障性收购可再生能源电量行为,提出可再生能源发电项目上网电量包括保障性收购电量和市场交易电量,其中保障性收购电量是指按照国家可再生能源消纳保障机制、比重目标等相关规定,应由电力市场相关成员承担收购义务的电量;市场交易电量是指通过市场化方式形成价格的电量,由售电企业和电力用户等共同承担收购责任。

2024年8月,国家发展改革委、国家能源局印发《关于2024年可再生能源电力消纳责任权重及有关事项的通知》(发改办能源〔2024〕598号),下达2024年各省(自治区、直辖市)可再生能源电力消纳权重指标以及2025年预期指标。推动消纳责任权重向重点用能单位分解,2024年新设电解铝行业绿色电力消费比例目标,完成情况以绿证核算。

强化市场机制建设

2024年1月,国家能源局关于印发《2024年能源监管工作要点》的通知(国能发监管〔2024〕4号),强调绿色发展,提出一系列举措充分发挥市场机制保供稳价作用,有序推进新能源参与市场交易。包括积极推动跨省跨区电力市场化交易、清洁能源交易、绿电交易;建立健全绿色电力交易机制,着力解决企业购买绿电需求量大、绿电跨省跨区交易难等问题;加快推进绿电、绿证市场建设,培育绿色电力消费市场等。

2024年8月,国家发展改革委、国家能源局印发《电力中长期交易基本规则—绿色电力交易专章》(发改能源〔2024〕1123号),加快建立有利于促进绿色能源生产消费的市场体系和长效机制,提出绿色电力交易是电力中长期交易的组成部分,执行电力中长期交易规则。绿色电力交易按照"省内为主、跨省区为辅"的原则有序开展,并对省内和跨省区绿色电力交易,从交易组织、交易方式、价格机制等方面进行规定。

2024年11月,国家能源局组织中国电力企业联合会联合水电总院等多家单位共同发布《全国统一电力市场发展规划蓝皮书》,首次明确了全国统一电力市场发展的"路线图"和"时间表",提出到2025年,初步建成全国统一电力市场,电力市场顶层设计基本完善;到2029年,全面建成全国统一电力市场,推动市场基础制度规则统一、市场监管公平统一、市场设施高标准联通。阐述了近中期需完成的8项重点任务,包括构建多层次统一电力市场架构、构建功能完备和品种齐全的市场体系、构建适应绿色低碳转型的市场机制等。

全面完善绿证制度体系

2024年2月,国家发展改革委、国家统计局、国家能源局印发《关于加强绿色电力证书与节能降碳政策衔接大力促进非化石能源消费的通知》(发改环资〔2024〕113号),推动绿证纳入节能评价考核指标核算,明确绿证与能耗双控、碳排放管理等政策的具体衔接方式,提出绿证交易电量纳入节能评价考核指标核算的具体操作办法;拓展绿证在绿电消费认证、节能降碳管理、碳核算、碳市场、产品碳足迹、国际互认等方面的应用场景。5—7月,国家发展改革委联合有关部门先后印发炼油、合成氨、电解铝行业节能降碳专项行动计划,数据中心绿色低碳发展专项行动计划等四项政策,推进重点行业通过绿电绿证交易提高可再生能源消费。

2024年8月,国家能源局印发《可再生能源绿色电力证书核发和交易规则》(国能发新能规〔2024〕67号),进一步规范绿证核发和交易,明确绿证核发由国家统一组织,交易面向社会开放,价格通过市场化方式形成,信息披露及时、准确,全生命周期数据真实可信、防篡改、可追溯。在2023年绿证全覆盖通知基础上,文件重点明确了绿证有效期、绿证核销、代理机构、水电绿证划转等关键事项。

2024年9月,国家能源局、生态环境部印发《关于做好可再生能源绿色电力证书与自愿减排市场衔接工作的通知》(国能综通新能〔2024〕124号),明确绿证市场和中国核证自愿减排量(CCER)市场边界,避免深远海海上风电、光热发电项目从绿证和CCER重复获益。文件设立两年过渡期,过渡期内,有关企业可自主选择核发交易绿证或申请CCER;并明确建立信息共享机制、加强交易监管等相关措施保障落实。

强化碳达峰碳中和标准体系建设

2024年7月,国家发展改革委、市场监管总局、生态环境部印发《关于进一步强化碳达峰碳中和标准计量体系建设行动方案(2024—2025年)的通知》(发改环资〔2024〕1046号),提出2024年发布70项碳核算、碳足迹、碳减排、能效能耗、碳捕集利用与封存等国家标准,基本实现重点行业企业碳排放核算标准全覆盖。2025年,面向企业、项目、产品的三位一体碳排放核算和评价标准体系基本形成,重点行业和产品能耗能效技术指标基本达到国际先进水平,建设100家企业和园区碳排放管理标准化试点。

2024年8月，生态环境部提出并指导制定的《温室气体 产品碳足迹 量化要求和指南》（GB/T 24067—2024）由市场监管总局正式批准发布，填补了中国产品碳足迹核算通用标准的空白，可为各方研究编制具体产品碳足迹核算标准提供指导。标准主要借鉴 ISO 14067 国际标准，规定了产品碳足迹的研究范围、原则和量化方法等，将能源属性证书纳入外购电力的碳足迹核算范围。

2024年9月，生态环境部、国家发展改革委、市场监管总局、交通运输部印发《产品碳足迹核算标准编制工作指引》（环气候〔2024〕91号），提出 2027 年前制定 100 项、2030 年前制定 200 项产品碳足迹核算标准，同步开展碳足迹因子研究和测算工作，并从明确碳足迹核算标准制定路线与技术要求、协调各类碳足迹核算标准协同发力、促进碳足迹核算标准有序衔接和实施应用、加强碳足迹核算标准国际交流衔接等四方面进一步明确了相关要求。

稳步推进重点领域大规模设备更新

2024年8月，国家发展改革委、国家能源局印发《能源重点领域大规模设备更新实施方案》（发改办能源〔2024〕687号），提出到 2027 年能源重点领域设备投资规模较 2023 年增长 25% 以上，重点推动实施煤电机组节能改造、供热改造和灵活性改造"三改联动"，输配电、风电、光伏、水电等领域实现设备更新和技术改造，包括推进风电、光伏设备更新和循环利用，稳妥推进水电设备更新改造，以标准提升促进设备更新和技术改造等 7 项重点任务。

加强电力安全治理

2024年11月，国家能源局印发《加强电力安全治理 以高水平安全保障新型电力系统高质量发展的意见》（国能发安全〔2024〕90号），提出要提升发电侧风险管控能力，加强新能源及新型储能等新型并网主体涉网安全管理，提升调度机构并网安全管理水平；完善水电站大坝防汛调度等制度，加强病险大坝的除险加固和隐患排查治理，加强水电站大坝安全监测、风险分析和隐患治理，强化高坝大库、抽蓄电站安全性评估能力。坚持统一调度，细化对水风光储多能互补、流域水电综合开发等新业态调度管理要求，厘清调管界面等。

7.2 水电类

积极有序推进水电行业高质量发展

2024年3月，国家发展改革委在第十四届全国人民代表大会第二次会议上作《关于2023年国民经济和社会发展计划执行情况与2024年国民经济和社会发展计划草案》的报告，提出要稳步推进大型水电项目建设，积极稳妥推进金沙江龙盘等水电项目前期工作，有序推进抽水蓄能项目建设，合理规划布局一批抽水蓄能项目，提升电力系统调节能力，保障电网运行安全。

试点探索抽水蓄能参与电力市场

2024年7月，广东省能源局、国家能源局南方监管局印发《广东省抽水蓄能参与电力市场交易实施方案》，明确广东省抽水蓄能可自主选择参与年度、月度、多日（周）等周期的中长期交易；抽水蓄能全电量以"报量报价"方式参与现货市场；以"日清月结"模式结算电能量交易电费。9月，广东电力交易中心发布《广东省抽水蓄能参与电力市场交易细则（试行）》，首次从省级层面系统性构建抽水蓄能电站市场化运营规则。

7.3 新能源类

推进新一轮风光资源普查

2024年5月，国家发展改革委、国家能源局、自然资源部等六部门印发《关于开展风电和光伏发电资源普查试点工作的通知》（国能发新能〔2024〕43号），选择河北、内蒙古、上海、浙江、西藏、青海等六省（自治区、直辖市）作为试点地区开展风电和光伏发电资源普查试点工作。各试点地区因地制宜开展陆上风电、地面光伏和屋顶分布式光伏发电资源普查，具备条件的地区可拓展至光热及领海范围内海上风电、海上光伏、海洋能等其他新能源发电资源普查。文件明确水电水利规划设计总院做好资源普查相关技术支撑工作。

加强光伏规范管理

2024年5月，国家能源局、国家林草局印发《关于有序推进光伏治沙项目开发建设有关事项的通知》（国能综通新能〔2024〕82号），提出按照生态优先、绿色发展、协同推进的总体思路，共同做好规划布局，因地制宜、科学有序实施光伏治沙项目，有效支撑清洁低碳、安全高效的新型能源体系建设，全力推进防沙治沙高质量发展。

2024年11月，工业和信息化部发布2024年第33号公告，对《光伏制造行业规范条件》和《光伏制造行业规范公告管理暂行办法》进行了修订，进一步加强光伏行业规范管理，推动产业加快转型升级和结构调整，推动光伏产业高质量发展。

多措并举推进新能源开发利用

2024年3月，国家发展改革委、国家能源局、农业农村部印发《关于组织开展"千乡万村驭风行动"的通知》（发改能源〔2024〕378号），提出"十四五"期间，在具备条件的县域农村地区，以村为单位，建成一批就地就近开发利用的风电项目，探索形成"村企合作"的风电投资建设新模式和"共建共享"的收益分配新机制，推动构建"村里有风电、集体增收益、村民得实惠"的风电开发利用新格局，促进农村地区风电就地就近开发利用。

2024年5月，国家能源局印发《关于做好新能源消纳工作 保障新能源高质量发展的通知》（国能发电力〔2024〕44号），提出加快推进新能源配套电网项目建设，积极推进系统调节能力提升和网源协调发展，充分发挥电网资源配置平台作用，科学优化新能源利用率目标，常态化开展新能源消纳监测分析和监管工作，提升电力系统对新能源的消纳能力，确保新能源大规模发展的同时保持合理利用水平。

加快光伏产业标准体系建设

2024年8月，工业和信息化部印发《光伏产业标准体系建设指南（2024版）》（工信厅科〔2024〕50号），从产业发展概述、总体要求、建设思路、重点方向和保障措施五方面部署13项措施，提出到2026年，标准与产业科技创新的联动水平持续提升，新制定国家标准和行业标准60项以上，实现光伏产业基础通用标准和重点标准的全覆盖；鼓励社会团体研制先进团体标准，支持我国企事业单位参与制定国际标准20项以上，促进光伏产业全球化发展。

推动新能源升级改造

2024年3月，国务院印发《推动大规模设备更新和消费品以旧换新行动方案》，实施设备更新、消费品以旧换新、回收循环利用、标准提升四大行动，提出探索在风电光伏等新兴领域开展高端装备再制造业务，加快风电光伏等产品设备残余寿命评估技术研发，完善风力发电机、光伏设备及产品升级与退役等标准。

7.4 其他类

加强用地管理和要素保障

2024年2月，中共中央、国务院印发《关于加强耕地保护提升耕地质量完善占补平衡的意见》，提出改革完善耕地占补平衡制度，改革占补平衡管理方式，坚持"以补定占"，在实现耕地总量动态平衡前提下，将省域内稳定利用耕地净增加量作为下年度非农建设允许占用耕地规模上限，对违法建设相应冻结补充耕地指标；完善占补平衡落实机制，建立占补平衡责任落实机制，国家管控各省（自治区、直辖市）耕地总量，各省（自治区、直辖市）加强对省域内耕地占用补充工作的统筹，确保年度耕地总量动态平衡；生态脆弱、承担生态保护重点任务地区的国家重大建设项目，由国家统筹跨省域集中开垦，定向支持落实耕地占补平衡。

2024年2月，自然资源部印发《关于进一步改进优化能源、交通、水利等重大建设项目用地组卷报批工作的通知》（自然资发〔2024〕36号），提出取消重新预审，不再对建设项目农用地转用和土地征收申请总面积超出用地预审总面积达到10%以及范围重合度低于80%的重新预审；完善先行用地政策，需报国务院批准用地的国家重大项目、列入《国家公路网规划》工程的改扩建项目以及省级能源、交通、水利建设项目中，控制工期的单体工程和因工期紧或季节影响急需动工建设的其他工程可申请办理先行用地。

2024年9月，自然资源部、农业农村部印发《关于改革完善耕地占补平衡管理的通知》（自然资发〔2024〕204号），提出调整完善占用耕地补偿制度，改进耕地转为建设用地落实占补平衡、耕地转为其他农用地落实进出平衡的管理机制，将非农建设、造林种树、种果种茶等各类占用耕地行为统一纳入耕地占补平衡管理；严格补充耕地指标调剂，各地在严格落实耕地保护责任，确保耕地保护红线不突破的前提下，坚持县域自行平衡为主、省域内调剂为辅的补充耕地落实原则，强化立足县域内自行挖潜补充。

2024年10月，自然资源部印发《关于进一步做好基础设施建设使用临时用地保障工作的通知》（自然资办函〔2024〕2159号），提出实施临时用地期限差异化管理，能源、交通、水利等基础设施使用临时用地，首次申请使用期限不满四年的，用地单位可申请继续使用，总期限不超过四年；优化复垦范围调整和方案审查要求，临时用地申请继续使用时，可以根据项目使用和复垦情况，将不再继续使用的部分扣除，按照缩减后的范围办理审批手续，进一步减轻企业用地负担。

2024 年 10 月，国家林草局印发《关于进一步做好林草要素保障工作的通知》（林办发〔2024〕64 号），提出重点项目使用林草地范围涉及不一致图斑的，由省级林草主管部门会同有关部门组织现地核实解决，如有困难可向国家林草局申请协助解决；重点项目中的公路、铁路、输电线路、水利水电、油气管线项目，可纳入分段办理林草地手续范围；重点项目中属于控制性单体工程、配套工程以及因工期紧张确需动工建设的部分，可按规定先行使用林草地，后补办手续。

强化水土保持和生态环境管控

2024 年 2 月，水利部印发《关于进一步加强部批项目水土保持监管工作的通知》（办水保〔2024〕57 号），要求落实水土保持空间管控，加强水土流失重点预防区和水土流失重点治理区以及水土流失严重、生态脆弱区域内项目选线选址不可避让论证把关，从严控制扰动范围，强化表土、沙壳、结皮、地衣及高寒草甸、草原等保护措施落实。严格把好弃渣场（含临时堆存场）选址安全关，加强对弃渣场防护及安全风险管控措施的审查；加大弃渣减量和综合利用审查把关力度，强化水土流失源头防控。

2024 年 3 月，中共中央、国务院印发《关于加强生态环境分区管控的意见》，提出推进实施生态环境分区管控，严守生态保护红线、环境质量底线、资源利用上线，科学指导各类开发保护建设活动，对于推动绿色发展，建设人与自然和谐共生的现代化具有重要意义。要求制定生态环境分区管控方案，确定生态环境管控单元，编制差别化生态环境准入清单，推进生态环境分区管控信息共享，每五年统筹开展定期调整。

2024 年 9 月，生态环境部印发《关于进一步深化环境影响评价改革的通知》（环环评〔2024〕65 号），提出优化调整各级生态环境部门环评审批权限，除生态环境部负责审批环评的建设项目外，水库、引水工程、常规水电站、抽水蓄能电站、矿产资源开发、危险废物处置、围填海工程等存在重大生态影响的项目，原则上应由省级生态环境部门审批；对目录外的建设项目，各省份可因地制宜对特定行业提出严格要求，不得随意层层下放项目环评审批权限。

加大氢能产业政策支持

2024年3月,《政府工作报告》提出积极培育新兴产业和未来产业,加快前沿新兴氢能、新材料、创新药等产业发展。11月,氢能被正式纳入《中华人民共和国能源法》的能源范畴,氢能将作为能源进行管理,对氢能产业快速发展产生深远影响。12月,工业和信息化部、国家发展改革委、国家能源局《加快工业领域清洁低碳氢应用实施方案》(工信厅联节函〔2024〕499号),加快推动工业领域低碳清洁氢应用。

8 国际合作

2024 年，中国可再生能源国际合作稳步推进。在气候风险日益加剧，国际能源市场形势错综复杂的背景下，中国以能源安全新战略为指引，全方位开展能源国际合作，积极落实共建"一带一路"倡议，深度参与国际能源治理，为全球绿色低碳发展注入新动能。在国际能源产业合作方面，中国企业积极参与国际绿色能源项目投资建设，稳步推进重大合作项目，不断拓展新合作领域，有力促进了当地经济社会高质量发展。展望未来，中国将不断增强可再生能源领域国际合作，持续深化多双边平台机制建设，加快构建立体多元的能源国际合作新格局。

8.1 国际能源治理

2024 年，中国持续发挥"一带一路"能源合作伙伴关系平台作用，深入推进重点区域能源合作，加强与中亚、东南亚等重点区域和国家绿色能源合作，不断拓展多双边平台机制建设，打造高水平全球能源治理平台，推动建立公平公正、均衡普惠的全球能源治理体系。

"一带一路"框架下能源合作不断壮大

截至 2024 年年底，"一带一路"能源合作伙伴关系成员国达 34 个，伙伴关系"朋友圈"进一步扩大，覆盖六大洲，"一带一路"能源合作伙伴关系已逐步发展为能源领域具有世界影响力的高端对话平台、成果共享平台和国际合作对接平台。

第三届"一带一路"能源部长会议为集中展示"一带一路"能源绿色合作取得的重大成就搭建合作平台，并在会议期间达成了系列新成果，包括举行扩员仪式，泰国、伊朗正式加入伙伴关系；成立"一带一路"能源合作伙伴关系秘书处办公室、合作网络智库工作组；发布《"一带一路"能源合作绿色发展行动计划（2024—2029）》、"小而美"能源国际合作最佳实践及《发展中国家电力系统绿色转型蓝皮书》。

重点区域平台合作落地见效

巩固深化中国—东盟、中国—非盟、中国—阿盟、APEC 可持续能源中心等区域能源合作，共同维护全球能源市场开放、稳定、发展。

中国—东盟清洁能源合作务实推进，中国—东盟清洁能源合作中心建设取得阶段性成果。第 21 届东盟＋3 能源部长会议期间，各国部长达成推进"清洁能源合作中心"建设的共识，明确将中心作为中国—东盟能源领域务实合作重要抓手的建设路径。"第七届东盟＋3 清洁能源圆桌对话"主场活动成功举办，在政策对话基础上探索务实项目。

中国—非盟能源合作迈向新阶段。中国—非盟能源伙伴关系及伙伴关系下两项工作被写入第九届中非合作论坛北京峰会成果文件。 伙伴关系框架下第二届能源合作项目推介会上，发布第一本聚焦中非清洁能源领域合作的专项报告《中非清洁能源合作报告2023》。 在中非能源创新合作加速器项目下，通过公开征集、线上宣讲会议、专家评审等方式，遴选出一批在非洲有推广潜力的"小而美"清洁能源技术解决方案和合作案例。

中国—非盟能源伙伴关系框架下第二届能源合作项目推介会

依托重要合作机制，打造中国—阿盟、中国—亚太区域能源合作新格局。 能源合作是中阿合作重要领域，中阿合作论坛第十届部长级会议期间，中方表示将联合开展新能源技术研发和装备生产，支持中国能源企业和金融机构在阿拉伯国家参与可再生能源项目；第十四次亚太经合组织能源部长会议通过推动亚太地区氢能发展的指南文件，2024年是亚太经合组织可持续能源中心（APSEC）成立十周年，召开第十届亚太能源可持续发展高端论坛暨亚太经合组织可持续能源中心（APSEC）成立十周年会议。

加强双边合作

与哈萨克斯坦、土库曼斯坦、乌兹别克斯坦等中亚国家合作机制不断创新。

与哈萨克斯坦可再生能源合作迈上新台阶。 中哈能源主管部门举行会见，就可再生能源等领域合作深入交换意见。 召开中哈政府间合作委员会能源合作分委会第十三次会议，会议期间签署会议纪要。 此外，中哈签署政府间实施可再生能源领域项目协议，确定了首批重大项目清单。

与土库曼斯坦可再生能源合作持续深化。 中土能源合作分委会第九次会议顺利召开，并签署会议纪要，双方将继续加强可再生能源等领域互利合作，积极务实拓展能源合作规模和领域。

与乌兹别克斯坦能源项目合作前景广阔。中乌能源主管部门举行会见，乌方鼓励中资企业参与乌兹别克斯坦电力和可再生能源项目开发并拓展能源装备领域合作机会，共同实施电网、风电、光伏等电力与新能源项目。

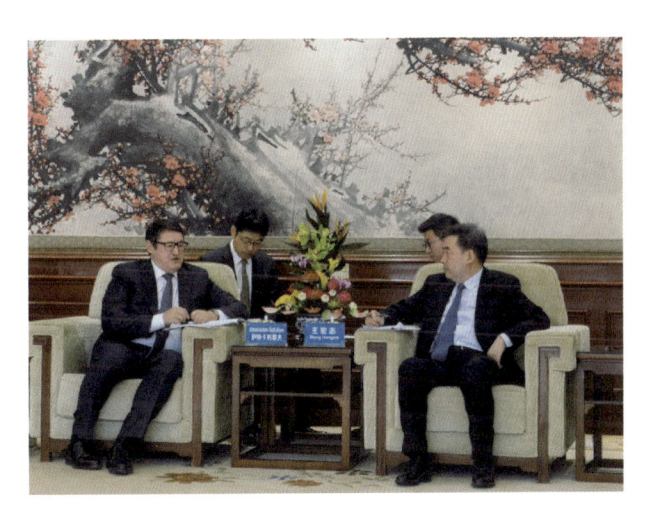

中哈能源主管部门负责人双边会见

与柬埔寨、印度尼西亚、巴基斯坦等东南亚和南亚国家加强产业和技术合作。

与柬埔寨能源领域合作不断拓展。中国能源主管部门主要负责人与柬埔寨副首相兼外交与国际合作部大臣举行会见，就共建"一带一路""工业发展走廊"等议题交换意见。

全方位能源合作成为与印度尼西亚合作典范。双方能源主管部门负责人会见期间就能源领域各项合作展开交流。第七届中国—印尼能源部长会上，双方表示将进一步加强可再生能源领域和能源新技术方面的合作，共同推动全球能源治理体系协调发展。

与巴基斯坦经济走廊能源合作进入高质量发展阶段。中国能源主管部门主要负责人会见巴基斯坦计划发展部部长，双方就中巴经济走廊能源项目及下一步合作方向和重点、巴基斯坦输变电系统改造升级、水电项目开发等有关合作事项等交换了意见。

推动大国能源合作

中美共同推动气候变化新兴领域技术交流合作。美国总统国际气候政策高级顾问访问中国能源主管部门，双方就落实中美关于加强合作应对气候危机的阳光之乡声明能源领域工作和有关能源议题深入交换意见。召开中美"21世纪20年代强化气候行动工作组"会议，围绕能源转型、甲烷、循环经济、低碳省/州和城市等重点合作领域深入讨论。中美清洁技术合作论坛期间，中美企业围绕清洁能源、能效提升、交通电动化、可再生能源等领域展开技术交流。

与俄罗斯能源合作已形成全方位、宽领域、深层次、高水平的合作格局。2024年是中俄建交75周年，中俄两国元首发表联合声明，提出持续巩固中俄能源战略合作并实现高水平发展，保障两国经济和能源安全。第六届中俄能源商务论坛上，提出深化可再生能源、氢能和碳市场等前景领域合作，培育更多新的合作增长点。中俄能源合作委员会第二十一次会议期间，双方共同梳理两国可再生能源等领域合作进展情况，就下一步合作规划深入交换意见。

依托政府间合作机制，与英国、法国、丹麦等欧洲国家能源领域合作成效显著。中英两国能源主管部门围绕中英能源政策、中英能源合作机制和清洁能源技术进行交流，双方依托中英能源对话及中英清洁能源合作伙伴关系开展工作；中法政企高效协作，法国电力集团、道达尔公司董事长拜会中国能源主管部门，双方围绕中国能源与电力市场政策、新能源领域合作等议题深入交换意见。中国能源主管部门赴丹麦开展绿证绿电专题调研，探索中国绿证与欧盟绿证合作方式与潜力。

道达尔公司董事长拜会中国能源主管部门主要负责人

多边机制下推动全球能源治理体系变革

通过联合国框架下及G20、APEC、IRENA、IEA、上合组织、金砖等能源领域重要多边机制，积极参与全球能源治理，助力全球可再生能源发展目标实现。参与首个"联合国可持续发展周"，围绕联合国2030年可持续发展目标进程展开讨论；参加二十国集团能源转型部长会议，达成部长声明；中—IRENA合作指导委员会会议肯定了中—IRENA合作办公室和各专项工作组取得的积极进展，发布了《中国—国际可再生能源署合作 2024—2026 年工作计划》，参加 IRENA 第十四次全体大会第一阶段会议，参与审议相关年度报告和提案报告；与 IEA 围绕深化能源交流合作、推动绿证国际互认、加强电力市场与可再生电力并网合作等方面展开交流；第九届金砖国家能源部长会发布《金砖国家能源公正转型报告》，强调公正能源转型对于金砖国家具有重要意义；上海合作组织成员国能源部长会第四次会议通过《上海合作组织成员国 2030 年前能源合作发展战略》；亚太经合组织（APEC）能源工作组第 68 次会议上，中国首次在 APEC 能源合作机制下成功竞选担任负责人，开启引领区域能源合作新篇章。

上海合作组织成员国能源部长会第四次会议

8.2 国际能源产业合作

2024 年，中国企业积极响应"走出去"战略，高质量开展"一带一路"能源合作，依托自身先进技术和产业链优势，在海外兴建了一批水电、风电、光伏等可再生能源项目，为东道国提供了清洁稳定的电力，改善了当地能源结构，在传播中国绿色、可持续发展理念的同时，促进了其他国家经济、社会可持续发展。

水电国际合作稳步推进

2024 年，中国境外水电项目（包括水电设备出口项目和水电工程项目）签约 54 个，签约金额约 87.9 亿美元。新签项目主要集中在东南亚、中亚地区，签约老挝南依孟 90MW 水电站、巴恩 84MW 水电站 EPC 合同（该项目拟纳入老挝与柬埔寨电力互联互通规划，所生产电力主要向柬埔寨出口）；签署哈萨克斯坦乌塞克河 44MW 梯级水电站 EPC 合同、阿拉木图州 1 号和 2 号 42MW 水电站 EPC 合同；签约埃塞俄比亚 GD－6 246MW 水电站 EPC 合同，项目建成将进一步改善该国能源供应短缺现状。

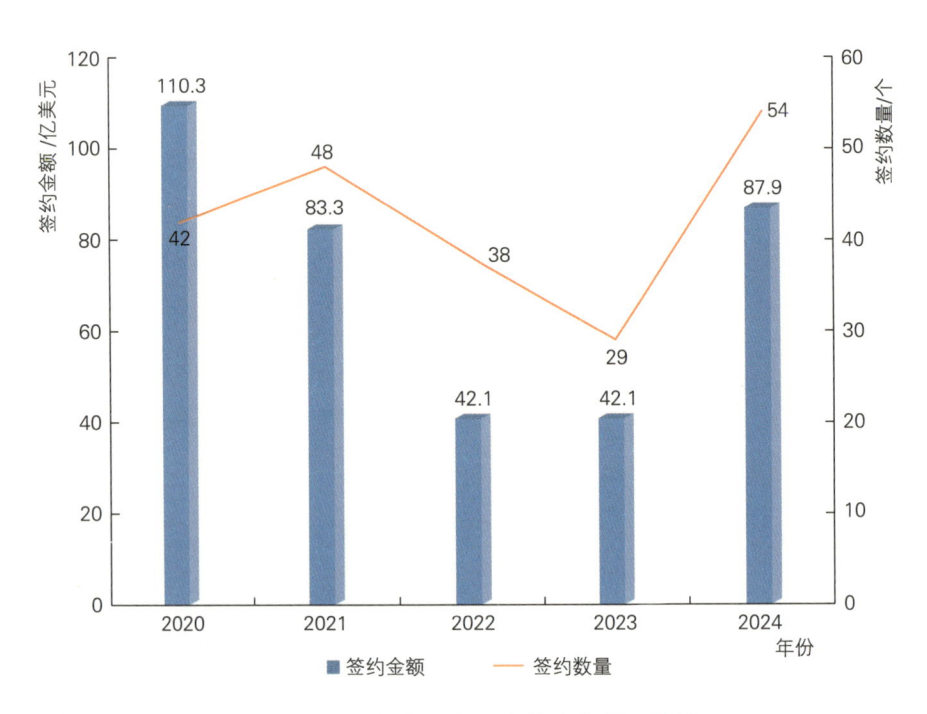

2020—2024 年中国企业境外水电项目统计

格西波-波波里水电站是目前科特迪瓦最大的水电站项目，于 2024 年 6 月实现并网发电，正式进入商业运行。该电站位于科特迪瓦西南部萨桑德拉河流域，总装机容量 112.9MW，总库容 8200 万 m^3。项目全部投产后，对促进当地经济社会发展，增加对周边国家的电力出口，强化其作为"西非电力枢纽"的定位具有重要意义。

科特迪瓦格西波-波波里水电站

风电产业出口规模再创新高

2024 年，中国风电整机商出口规模达 5.5GW，增长率达 71.9%。中国境外风电项目（包括风电设备出口项目和风电工程项目）签约 58 个，签约金额约 100.7 亿美元。新签项目主要集中在中亚地区，签署乌兹别克斯坦肖尔库里 600MW 风电项目 EPC 合同（中国企业在该国开发、投资、建设、运营的首个风电项目）、撒马尔罕州和吉扎克州 500MW 风电项目投资协议；签约哥伦比亚拉斯阿卡西亚斯 240MW 风电项目 EPC 合同；签署菲律宾圣金庭 400MW 风电项目 EPC 合同；签署毛里塔尼亚努瓦迪布 1200MW 风电项目 EPC 合同。

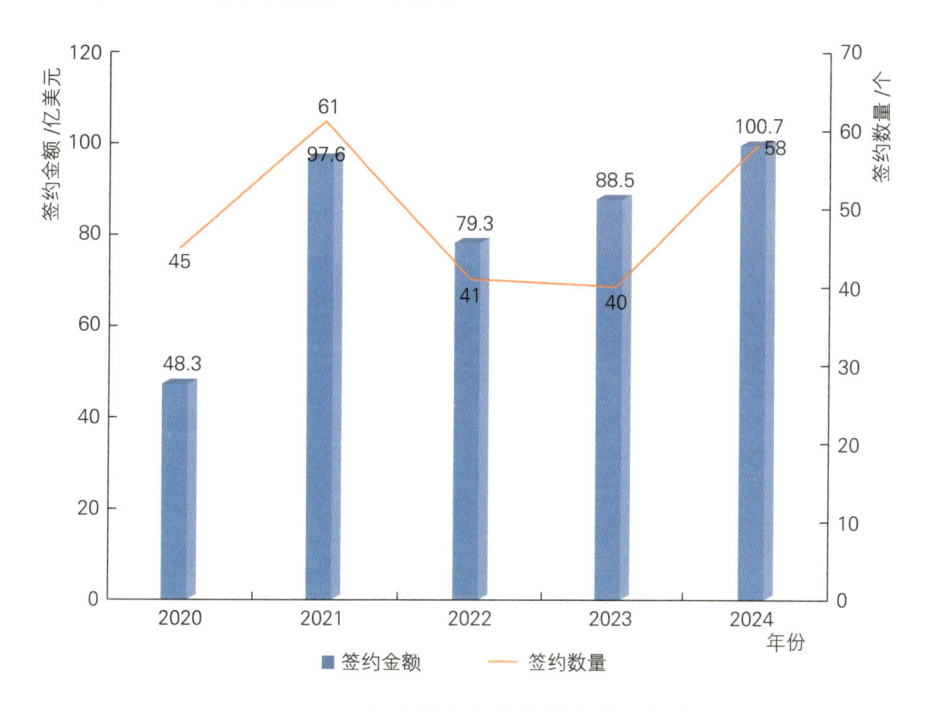

2020—2024 年中国企业境外风电项目统计

2024 年 12 月，乌兹别克斯坦布哈拉 1GW 风电项目首批风机并网发电，该项目是中亚地区正式启动建设的单体最大风电项目，位于该国克孜勒库姆沙漠南部，包括巴什和赞克尔迪两个 500MW 风电场，项目投运后将进一步促进乌兹别克斯坦能源结构绿色低碳转型。

乌兹别克斯坦布哈拉风电项目

中国光伏产业占全球主导地位

全球市场需求持续扩大，光伏产品出口量不断提升，中国光伏产品连续 4 年出口超过 2000 亿元。其中，硅片出口约 6090 万 kW，同比下降约 13%；电池产品出口约 5750 万 kW，同比增长 46%；组件产品出口约 2.4 亿 kW，同比增长约 14%。2024 年光伏主材（硅片、电池、组件）出口约 320.3 亿美元，同比下降约 33%，出口整体持续"量增价减"态势。欧洲仍是中国最重要的海外光伏组件出口市场，约占海外出口总额的 40%，整体看来，中东、非洲、亚太、美洲等新兴市场需求量增长迅速。2024 年，中国境外光伏项目（包括光伏设备出口项目和光伏工程项目）签约 177 个，签约金额约 181.1 亿美元。

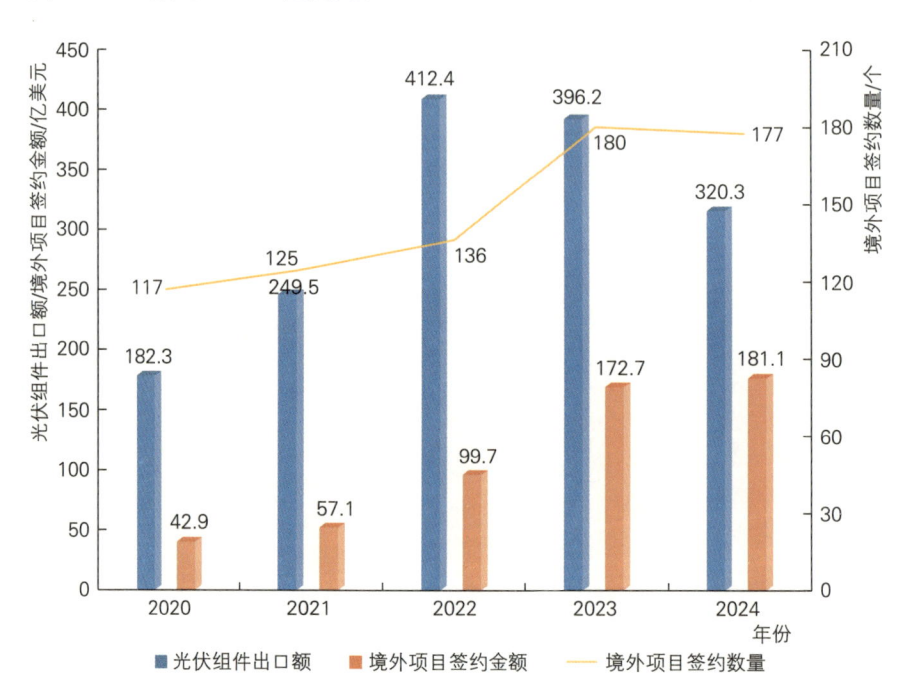

2020—2024 年中国企业境外光伏项目统计

阿尔舒巴赫光伏电站项目是全球在建单体最大装机容量光伏项目，位于沙特阿拉伯麦加省吉达市，总装机容量 2.6GW。2024 年 10 月，项

沙特阿尔舒巴赫光伏电站项目

目正式进入投运阶段。项目全面建成后，将成为中沙共同推进沙特"2030愿景"重要里程碑，也是共建"一带一路"倡议与沙特国家发展战略深度对接的又一重要成果。

8.3 可再生能源国际合作展望

未来，中国将继续推进共建"一带一路"绿色能源合作，拓展全球清洁能源伙伴关系，加强中国—非盟、中国—东盟、中国—阿盟等区域平台建设；依靠联合国框架下，G20、APEC、IEA、IRENA、上合组织、金砖等能源领域重要多边机制，积极参与全球能源治理，为推动各国实现能源转型目标提供助力。

一是巩固深化"一带一路"能源合作伙伴关系和全球清洁能源伙伴关系，推动中国在全球能源治理体系中发挥建设性作用。依托相关机制，主办2025年国际能源变革论坛、第四届"一带一路"能源合作伙伴关系论坛，发布《能源变革指数蓝皮书》，制定《"一带一路"绿色能源合作行动计划分工实施方案》。

二是依托中国—非盟能源伙伴关系等多双边机制，激发中非可再生能源领域合作潜力。组织开展中国—非盟能源伙伴关系框架下系列高端对话会、加速器项目征集等活动，加强与非洲重点区域、国别能源领域战略、政策、规则体制对接，依托政府间合作机制开展联合研究。

三是推进中国—东盟清洁能源务实合作落地，深化开展中国与周边东盟国家电力互联互通研究。召开第七届东亚峰会清洁能源论坛，同时与东盟地区通力合作，推进"中国—东盟清洁能源合作中心"不断发挥积累务实合作成果的功能作用，为东盟区域经济发展和能源合作贡献更多解决方案，也为中国地方清洁能源产业面向东盟市场合作提供更多平台。

四是推动中国—阿盟清洁能源合作中心平台建设，实现传统能源稳步发展和区域清洁能源发展目标相结合。与阿拉伯国家签订成立合作中心的相关协议，依托合作中心机制，全面开展中国与阿拉伯国家技术交流、能力建设、联合研究、项目孵化等工作。

五是深入开展中欧绿色能源技术创新合作，推动更多新兴领域合作成果落地。积极筹备第二十次中欧能源对话、中欧能源技术创新合作论坛，第八次中英能源对话和第四次中法能源对话等机制性会议，与相关国家加强在电力市场、绿能绿电国际互认等方面沟通交流。

六是探索中美气候行动契合点，拓展共赢合作新空间。在中美气候行动工作组、中美能源转型专题小组等相关机制下围绕应对气候变化、减少碳排放和推动能源转型开展对话交流，支持中美双方企业按市场化原则务实合作。

七是进一步落实中俄两国元首重要共识，打造更加紧密的能源合作伙伴关系。站在新的历史起点上，推动双方能源领域互利合作，维护能源产业链供应链稳定，办好中俄能源合作委员会会议、第七届中俄能源商务论坛，保障中俄能源贸易合作稳定开展。

八是积极参与能源国际组织和多边平台合作，提升中国全球能源治理参与度和影响力。打造主场外交平台，组织第五届上合能源部长会议，完善 APEC 能源合作伙伴关系网络，充分发挥中国—IRENA"1＋1＋N"机制作用，推动全球能源绿色低碳转型发展。

9 发展展望

9.1 整体发展形势

2025年是中国"十四五"的收官之年,也是"十五五"谋篇布局之年。2025年全国能源工作会议提出,能源行业要坚持绿色低碳转型,持续推动能源结构优化调整,大力推进风电光伏开发利用,统筹水电开发和生态保护,可再生能源将继续高质量平稳发展步伐。

可再生能源大规模发展的方向坚定不移

规划政策层面,国家通过"十四五"可再生能源发展规划强化目标约束,2025年以非化石能源消费占比20%为目标,加快推动能源结构向绿色化、清洁化转变。通过"沙戈荒"大型风光基地的加速投产、水风光一体化基地的加快建设、海上风电深水远岸开发和分布式新能源在城乡全面加快渗透,预计全年风电光伏发电装机再新增2.8亿kW,进一步增强新能源和可再生能源供给能力。

可再生能源高比例消纳的路径日渐清晰

随着新能源更大规模发展,新型电力系统加快建设,国内特高压输电通道与智能配电网协同推进,跨省跨区新能源消纳能力实现快速提升,大电网的资源配置能力进一步增强,配电网接入分布式电源的承载力进一步提高。同时,新能源在装机结构中的主体地位进一步稳固,为助力电力系统平抑新能源的波动性,抽水蓄能、新型储能等电力系统调节性资源建设也将同步加快,储能技术应用的突破将为新能源消纳提供核心支撑。

可再生能源高质量发展的动能保持强劲

可再生能源多元创新、产业牵引和集成发展的趋势明显,构网型技术与虚拟电厂技术逐步推广,源网荷储多元互动模式加快成熟,光伏治沙、海上风电+海洋牧场、绿色氢氨醇一体化基地等产业融合创新模式加速落地,新技术新模式新业态新场景加快涌现。新材料、新技术持续推动新能源和可再生能源产业迭代升级,钙钛矿电池稳态效率进一步突破,均将进一步带动新能源开发成本下降。

可再生能源市场化发展的进程再度提速

随着电力市场化改革的持续深化,新能源和新型储能、虚拟电厂等市场主体将加快进入电力市场。2025年年初,国家发展改革委、国家能源局联合印发《关于深化新能源上网电价市场化改革促进新能源高质量发展的通知》（发改价格〔2025〕136 号），明确了新能源上网电价机制，原则上增量新能源项目将通过市场化方式形成电价，企业也将加速适应市场化规则，优化新能源投资布局。同时随着碳配额覆盖行业扩展至钢铁、水泥等领域，将促进相关行业通过市场化方式扩大绿色消费，进一步拉动可再生能源电力消费需求。

可再生能源大规模发展的压力更大、约束挑战更多

中国式现代化建设要求积极稳妥推进碳达峰碳中和工作，统筹加强能源保供和推动低碳转型。落实碳达峰目标任务，2025 年、2030 年非化石能源消费占比需达到 20%、25%，这对加快新能源和可再生能源大规模发展提出了更高要求，要持续增强安全可靠替代能力。在新的形势下，可再生能源面临的约束和挑战更多，新能源大规模发展的用地用海国土资源趋紧，并网接入受限及分布式承载力不足区域日益增多，新能源消纳问题重新凸显并且弃风弃光的地域、时段分布更加广泛，发改价格〔2025〕136 号文件印发后，风电、光伏电量将进一步加速入市，在新的电价机制下新能源市场主体投资收益的不确定性上升，行业可持续发展承受更大压力。

9.2 常规水电

流域水风光一体化基地规划建设取得新进展

实施流域水风光一体化开发，是新时期水电发展的重要方向，是推进可再生能源高质量发展的重要举措，也是实现能源绿色低碳转型的重要力量。2025 年，高质量推进雅砻江等水风光一体化基地建设，系统总结实践经验，充分发挥示范引领作用；同步推进金沙江上游等基地规划建设，进一步完善全国主要流域水风光一体化规划布局，建立健全一体化开发建设管理体系。

预计 2025 年常规水电投产规模 500 万 kW 左右

结合目前在建常规水电站建设进度，预计 2025 年常规水电投产规模与 2024 年大致相当，包括金沙江巴塘、银江、叶巴滩水电站，大渡河巴拉、硬梁包、绰斯甲、金川、沙坪一级等电站的全部或部分机组；考虑部分省区中小型水电站投产，预计常规水电投产规模在 500 万 kW 左右，主要集中在四川、西藏等地区。

预计 2025 年大型常规水电核准规模 900 万 kW 左右

结合常规水电站前期工作进展，预计 2025 年可能核准的大型水电站主要包括金沙江波罗、奔子栏，大渡河丹巴，西南诸河部分水电站等，考虑到一定的不确定性，预计核准 900 万 kW 左右。

9.3 抽水蓄能

抽水蓄能积极有序高质量发展

2025 年 1 月，中国能源领域基础性、统领性法律《中华人民共和国能源法》正式实施，其中"合理布局、积极有序"的原则为抽水蓄能电站的开发建设提供了明确的法律依据与方向指引。同月，国家发展改革委、国家能源局联合印发《抽水蓄能电站开发建设管理暂行办法》，为规范抽水蓄能电站开发建设管理、促进产业高质量发展提供了重要制度性保障。展望未来，抽水蓄能行业将继续秉持"生态优先、需求导向、优化布局、有序建设"的总体原则，进一步推动抽水蓄能行业积极有序高质量发展，助力能源安全保供和绿色转型迈向新高度。

预计 2025 年抽水蓄能发电投产规模约 800 万 kW

2025 年，预计辽宁清原、江苏句容、浙江宁海、浙江缙云、河南五岳等抽水蓄能电站剩余机组，广西南宁、广东梅州二期、河南洛宁、湖南平江、河北易县、浙江天台等抽水蓄能电站全部或部分机组将投产发电，预计全年抽水蓄能新增投产规模约 800 万 kW，到 2025 年年底，总装机规模达 6600 万 kW 左右。

预计 2025 年抽水蓄能核准规模 4000 万～5000 万 kW

综合考虑规划实施、前期工作和投资主体等多方面因素，预计 2025 年抽水蓄能核准规模 4000 万～5000 万 kW。

9.4 风电

技术进步推动风电开发利用场景加快拓展

2025 年，风电技术进步将持续提升资源开发效率并降低开发成本。在建项目方面，陆上风电将持续多维度创新发展格局，大基地项目与算力中心、制氢等产业集成发展加快推进，各地"千乡万村驭风行动"试点项目逐步落地，加快实现风电与农村生产生活各领域的融合发展，海上风电进一步向深水远岸发展，海上风电与海洋牧场及其他海洋经济等多业态的融合发展趋势持续,"以大代小"政策将推动老旧风场改造升级,风电产业发展空间和场景持续拓展。

预计 2025 年全国风电新增并网装机容量有望突破 8000 万 kW

新增装机布局方面,为落实"十四五"收官任务,陆上大型新能源基地集中并网,其中内蒙古、新疆等省份新增并网装机容量较大;沿海省份加速推进海上风电建设,广东、山东、浙江等省份新增海上风电装机较多,全国海上风电新增装机预计达到 500 万 kW。

9.5 太阳能

太阳能发电装机仍保持有序增长

在建设成本方面,随着太阳能发电转换效率持续突破和制造工艺不断优化,光伏发电成本总体仍呈下降趋势。在建项目方面,随着增量光伏项目上网电价逐渐转为全部由市场形成,部分光伏消纳形势严峻的省份光伏项目建设预计将有所放缓;此外,国家以沙漠、戈壁、荒漠为主的新能源大基地加快建设仍推动光伏建设保持较高增速。在产业技术方面,为了应对电力市场机制的变化和外部建设条件的约束,多能互补、光伏+光热、光伏+储能等开发利用模式和技术趋于成熟。

预计 2025 年全国太阳能发电新增并网装机容量 2 亿 kW

新增装机布局方面,随着新能源大基地的推进,"三北"地区和西南地区集中式光伏项目加快建设,内蒙古、新疆、宁夏及云南等省份新增集中式光伏装机较多;东中部地区光伏仍以分布式为主,但因上网电价政策调速等因素预计全年新增分布式装机增速有所回落,江苏、广东等省分布式光伏新增装机规模较大。

光热发电仍需通过规模化发展促进提效降本

在建光热项目以经济互补模式的一体化项目为主,光热装机配比较低,其中多数项目将在 2025 年并网。通过经济互补模式的开发建设,光热发电的造价水平有所下降,但与风电、光伏的造价水平相比依旧较高,仍需通过规模效应促进技术进步和成本进一步下降。研究在经济互补开发模式中提高光热的装机配比,并推动独立光热电站开发模式,促进光热单机容量增大,进一步凸显光热的调峰价值,继续推动光热规模化发展。

声　　明

　　本报告内容未经许可，任何单位和个人不得以任何形式复制、转载。

　　本报告相关内容、数据及观点仅供参考，不构成投资等决策依据，水电水利规划设计总院不对因使用本报告内容导致的损失承担任何责任。

　　如无特别注明，本报告各项中国统计数据不包含香港特别行政区、澳门特别行政区和台湾省的数据。部分数据因四舍五入的原因，存在总计与分项合计不等的情况。

　　本报告部分数据及图片引自国际可再生能源署（International Renewable Energy Agency）、国际水电协会（International Hydropower Association）、国家统计局、国家能源局、中国电力企业联合会、中国机电产品进出口商会、中国光伏行业协会、中国氢能联盟、中国产业发展促进会氢能分会、中国产业发展促进会生物质能产业分会、彭博新能源财经（Bloomberg NEF）等单位发布（提供）的数据，以及 *Renewable Capacity Statistics* 2025、中华人民共和国 2024 年国民经济和社会发展统计公报、2024 年全国电力工业统计数据、中国风能太阳能资源年景公报 2024、欧洲中期天气预报中心（ECMWF）、中国光伏产业发展路线图（2024—2025 年）、中国太阳能热发电行业蓝皮书 2024 等统计数据报告，在此一并致谢！

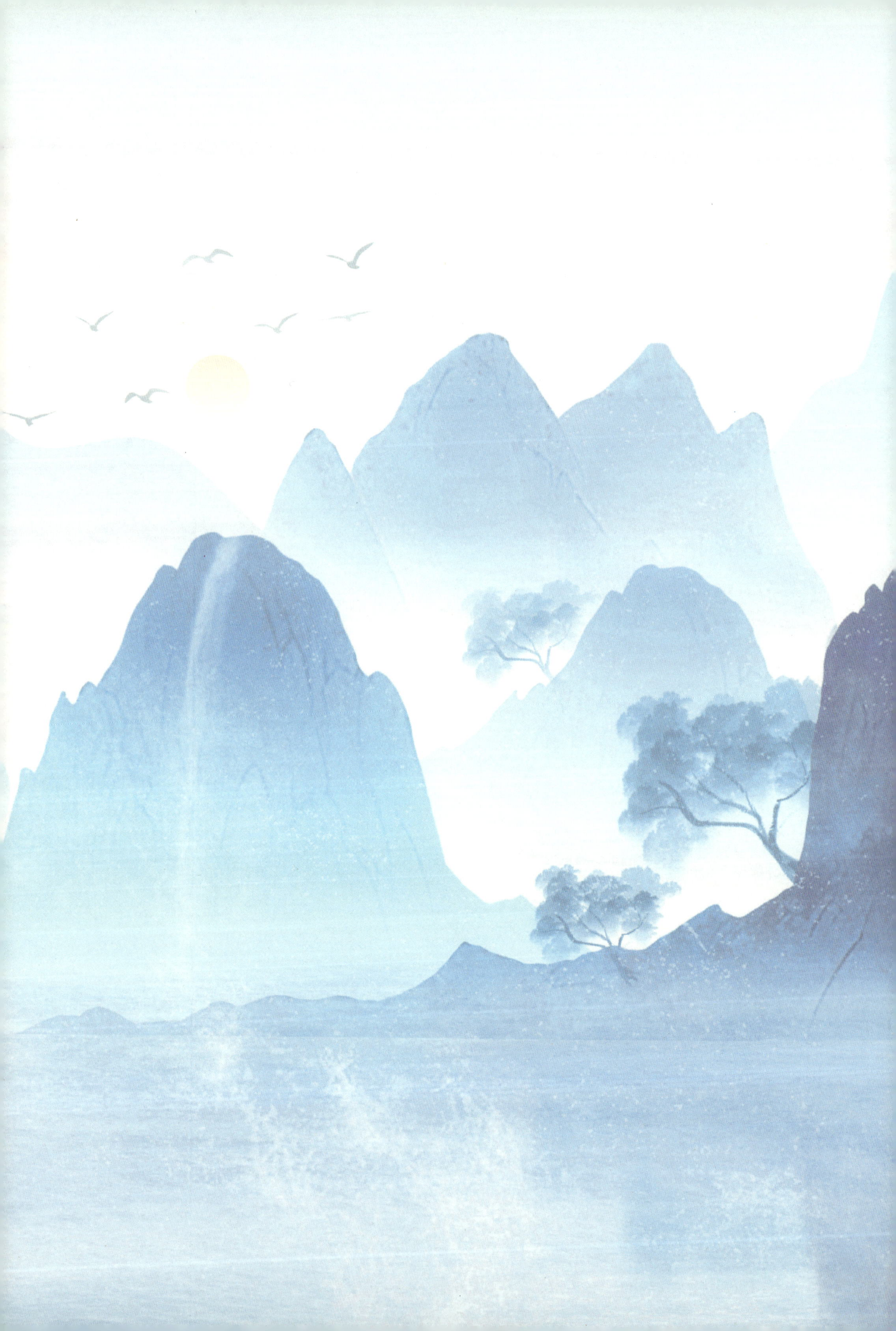

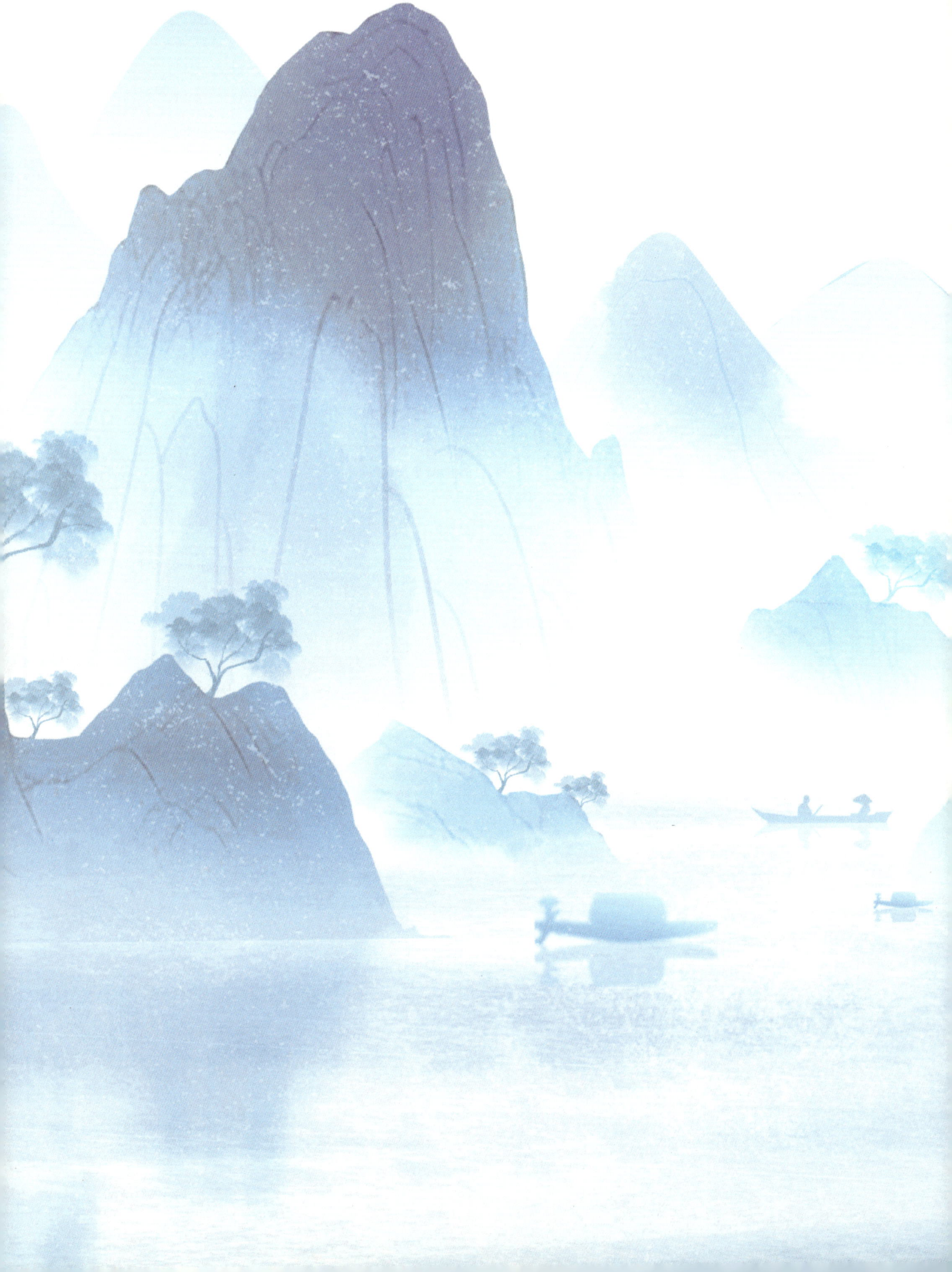

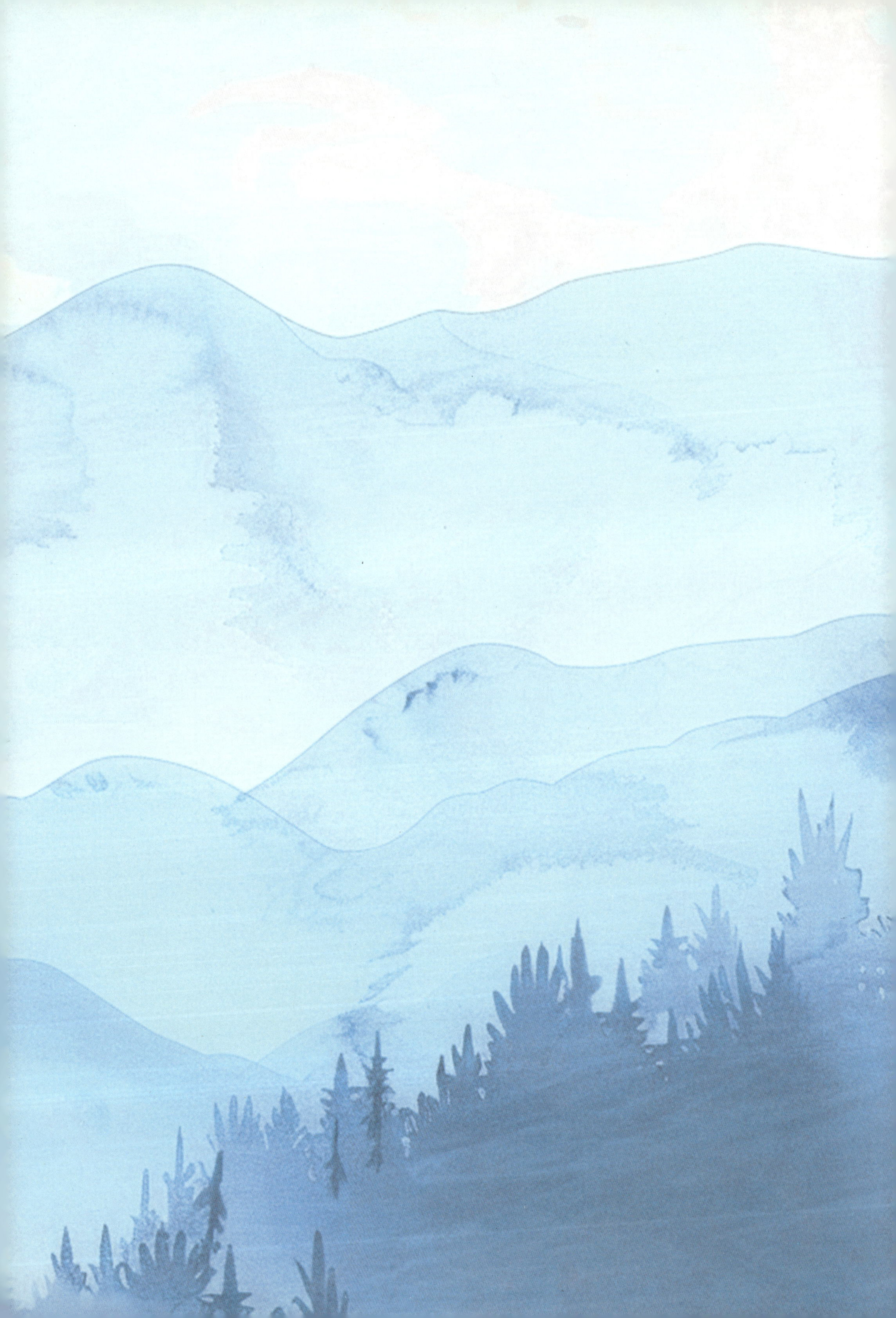